北京民族教育丛书

夏铸

夏铸：藏族，教育部民族教育司原司长，现国家副总督学、中国少数民族教育学会副会长兼秘书长。

北京民族教育丛书

高中民族团结融入学科教育读本

北京市潞河中学 编著

民族出版社

北京市人民代表大会常务委员会

《北京民族教育丛书》编委会全体同志：

　　值《北京民族教育丛书》出版之际，谨表示热烈的祝贺！向参加过丛书编写工作的每一位同志致以崇高的敬意！

　　《北京民族教育丛书》是对多年来首都民族教育事业的发展，首都发挥民族教育的窗口作用和辐射作用的全面总结与理论提升。

　　祝贺《北京民族教育丛书》的出版，相信这部书一定会为首都民族教育整体水平的提高提供强有力的理论支持，并为巩固和发展平等、团结、互助、和谐的社会主义民族关系，维护民族团结，促进各民族的共同繁荣与发展发挥出重要作用。

国　家　总　督　学　顾　问
联合国教科文组织协会世界联合会副主席
亚太地区联合国教科文组织协会联合会名誉主席
中　国　民　办　教　育　协　会　会　长
中　国　教　育　学　会　副　会　长

2009年11月16号

《北京民族教育丛书》编辑委员会

主　任：刘利民　申建军

副主任：陈　宏　罗　洁　牛　颂　佟志衷

　　　　喜饶尼玛

编　委：(按姓氏笔画排序)

　　　　于洪武　马万成　王兰芳　王秀琴　王　静

　　　　田　琳　司永成　米君兰　李士成　李　奕

　　　　邹国祥　沙宪余　周秀兰　郝日达　徐　华

　　　　徐建姝　梁平捷

《北京民族教育丛书》项目组

组　长：罗　焰　康厚桥

《高中民族团结教育融入学科教育读本》编写组成员

主　编：徐　华

副主编：李　丽

编　委：(按编写顺序排序)

邵　坤　郎春雨　黄　萍　杨贻芳

张　晓　李通书　傅炳华　赵哲嵩

李晓盼　刘　丽　吴　琳

努力开创首都民族教育工作新局面
（代总序）

民族教育是整个教育事业的重要组成部分,也是党和国家民族工作的重要内容。北京是全国政治、文化和国际交往的中心,是我国各民族的首都,也是多民族散杂居的地方。首都民族教育工作关系到少数民族群众的根本利益,关系到首都乃至全国的稳定,关系到民族团结和国家的统一。

为全面落实国务院《关于深化改革加快发展民族教育的决定》(以下简称《决定》)和第五次全国民族教育工作会议精神,北京市教育委员会、北京市民族事务委员会于2002年就共同提出应从以下八个方面加速推进首都民族教育的改革与发展。

一、提高认识,加强对民族教育工作的领导

民族教育是整个教育事业的重要组成部分,也是党和国家民族工作的重要内容。北京是全国政治、文化和国际交往的中心,是我国56个民族的首都,也是多民族散杂居的地方。首都民族教育工作关系到少数民族群众的根本利益,关系到首都乃至全国的稳定,关系到民族团结和国家的统一。各级领导要从讲政治的高度、从大局和战略的高度,提高对民族教育工作重要性的认识,把民族教育工作摆到重要位置来抓。要认真学习、领会第五次全国民族教育工作会议精神,学好《决定》,结合实际,认真总结民族教育工作的基本经验,分析民族教育发展中遇到的新情况、新问题,提出新形势下做好民族教育工作的新思路。要进一步贯彻落实《北京市少数民族权益保障条例》和有关的民族政策,把发展民族教育纳入法制轨道。

要切实加强对民族教育工作的领导,树立民族教育优先发展的观点,将民族教育事业的发展纳入教育发展的整体规划之中,将民族学校的建设纳入基础设施建设计划,给予优先安排。要在部署、总结年度工作时把民族教育工作作为一项重要内容,把民族教育工作开展情况列入教育督导检查项目,并建立通报制度。各区县要有相应的机构和人

员负责民族教育工作,确保民族教育工作的政策、措施落到实处。

二、优化资源配置,办好每一所民族学校、幼儿园

根据经济和社会发展需要及人口和生源变化情况,进一步加强民族学校的规划与建设,合理调整民族学校布局,促进教育资源的优化配置。对于一些生源少、办学规模过小,继续办学较为困难的民族学校可采取与相邻办学条件较好的学校合并的方式进行调整,调整后仍可保留民族学校的牌子。布局调整后保留的民族学校要依新的办学条件标准加强建设,要建设一所,达标一所。凡撤并、置换民族学校,需做好当地少数民族群众的工作,并征得区县民族工作部门同意后分别报市教委、市民委备案。要加强民族职业学校和回民中学示范高中建设,适当发展寄宿制学校,满足少数民族群众多层次的教育需求。

要积极发展少数民族学前教育,在少数民族聚居区,至少要办好一所市颁标准的民族幼儿园。

三、加强队伍建设,提高干部、教师的素质和水平

要把干部、教师队伍建设摆在民族教育发展的优先位置。采取倾斜政策,优先为民族学校(幼儿园)配备优秀师资,优先考虑民族学校(幼儿园)骨干教师的培养。2003年起,市教委、市民委通过依托有关部门举办民族学校骨干校长、教师研修班;适时选派优秀干部、教师国内考察,出国培训;组织北京市城区学校与郊区县民族学校对口支援等多种形式,提高民族学校干部、教师的能力和素质,培养一批民族教育骨干教师和学科带头人。要继续组织好"民族教育烛光杯奖"评选表彰活动,激励民族教育工作者立志民族教育工作,无私奉献,扎实工作,勇于创新。各区县也要从实际出发,紧密结合教学改革对教师教学思想、业务知识、教学能力提出的新要求,做好民族学校教师培养、继续教育和培训的工作。加强民族学校校长队伍建设,提高校长依法治校和科学管理的意识、能力和水平。

四、深化教育教学改革,增强办学活力

从少数民族群众需求出发,积极探索与民族经济和社会发展相适应的民族学校办学模式。抓住当前基础教育课程改革的契机,从课程设置、教学内容、教学组织形式、管理方式、考试制度等方面深化改革,办出少数民族教育的特色,使民族教育切实为提高少数民族人口素质服务,为民族地区经济和社会发展服务。

要积极引导各级各类民族学校深化办学体制、管理体制改革,通过改革提高自身发展能力。进一步调动社会各界关心民族教育,支持民族教育的积极性,鼓励和支持社会

力量办学,形成以各级政府办学为主,多渠道办学的格局。

加强民族教育的教科研工作,发挥民族教育研究会的作用,以课题研究的方式,运用科研成果提高全市民族教育的水平。

五、广泛深入开展民族团结教育活动,搞好民族团结教育

要将民族团结教育列为中小学教育工作的重要内容。充分利用相关学科的社会实践基地,课外、校外民族传统活动等灵活多样的方式,有重点、分层次、有针对性地在中小学生中开展民族团结教育。要将民族团结教育列为爱国主义教育、公民道德教育的重要内容,重点加强马克思主义民族观、宗教观和党的民族、宗教政策的教育,加强我国各族人民为中华民族统一多民族国家的形成而浴血奋斗的历史教育,加强各民族人民在党的领导下建设社会主义伟大国家的教育,使各族师生进一步增强"汉族离不开少数民族,少数民族离不开汉族,少数民族之间也相互离不开"的思想,牢固树立自觉维护国家统一、反对民族分裂的思想意识,增强学生的社会主义法制观念、道德观念。

六、加大投入,进一步增强对民族教育的扶持力度

市教委将继续在市级教育附加费中设立民族教育专项经费,用于支持民族学校改善办学条件。全市组织实施的示范高中建设、农村中小学建设、教育信息化建设等项工程也要对民族学校给予倾斜。

各区县在安排教育资金时应当考虑对民族学校的扶持。已经设立专项经费的,要充分发挥资金的使用效益。还未设立专项经费的,要按照国务院的文件要求尽快设立,用于帮助民族学校和民族托幼园(所)加强教师队伍建设,改善办学条件,提高教育质量,解决贫困民族学生就学困难。区县要在分年度实施公用经费达标计划时,保障民族学校优于普通学校率先达到新修订的《北京市普通教育事业公用经费定额标准(试行)》。

七、加快教育信息化建设,为民族教育发展构建现代化技术支撑平台

根据北京市提出的"十五"期间中小学教育信息化建设目标要求,大力推进民族学校办学手段现代化。充分发挥现代化信息技术特有的优势,为民族学校的教学及教师培训服务,推动办学形式、教学模式、学习方式等方面的变革。民族中小学应优先建成校园网,实现校校通;优先做到小学、初中学生平均每十人拥有一台计算机,高中学生平均每八人拥有一台计算机。加强对民族学校信息技术骨干教师的培养,促进信息技术在教育教学和管理中的广泛应用。努力提高干部教师应用信息技术的能力和对优质教育资源的共享能力,提高教育管理的现代化程度。

八、继续做好对口支援西部工作，办好北京西藏中学和潞河中学新疆高中班

要按照中共中央、国务院《关于推动东西部地区学校对口支援工作的通知》精神，发挥北京教育资源优势，加大对口支援西部教育的力度。积极开展教育系统与西部地区的合作，扩大在西部地区的招生规模，为西部地区经济社会发展培养急需人才。进一步落实北京与内蒙古教育对口支援、合作项目，提高对口支援的效益。

下力气办好北京西藏中学和潞河中学新疆高中班。要注意总结办校、办班工作的经验，解决办学、招生中遇到的新问题，进一步完善有关管理办法。在资金投入、硬件设施配置、师资配备等方面继续给予政策倾斜。努力把西藏中学、潞河中学新疆高中班建设成为办学条件、管理水平处于全国领先地位的一流的民族教育示范窗口。

近年来，北京市的民族教育有了长足的发展，取得了可喜的成绩。正是在这种背景下，我们组织编写了《北京民族教育丛书》。丛书选编了北京市民族学校进行民族团结教育教学、科研的经验总结，编写了民族体育、民族文学、民族工艺、民族舞蹈、民族歌曲等方面的教学读本，也对各民族学校开展民族团结学科渗透教育的创新教学方式进行了总结。在编写中，从中小学教师教学、科研的需要出发，力争使每一本书都对提高中小学教师科研、教学的素质和水平有所助益，力争为教师们进行民族团结教育提供一些材料，从而更好地推广民族团结教育工作。

本次编写出版工作得到北京市教委、各民族学校的大力支持。相信在大家的共同努力下，本套丛书的顺利付梓出版，将推动民族团结教育的进一步发展！

《北京民族教育丛书》编委会
2009 年 8 月

编辑说明

《北京民族教育丛书》从2009年7月份开始正式进入编辑出版流程。本丛书共三个主题：一是政策资料汇编，汇编了我国民族教育相关文件和北京多所学校实行民族团结教育的经验、成果，共有4本书；二是学校实践记录，为3所学校在开展民族团结教育融入学科教育中的具体教案整理，共有3本书；三是教学资料汇编，主要从民族习俗、体育、歌曲、舞蹈、服饰、工艺、儿歌等方面整理了教学辅助资料，共有8本书。

本套丛书主要发动了北京市民族团结教育示范学校的广大师生进行编写，着重教学实践过程中经验的综合与总结。比如，北京市回民中学编写的《民族体育教育读本》，就是回民中学体育老师多年来在教学实践中进行民族团结教育，并将其实践进行经验总结而汇编成的一本书。又如，《民族工艺教育读本》是民族工艺教师和专家共同搜集整理而成，其中一些是一线教师在课堂上多次授课的教案。这从实践的角度保证了丛书的实用性。在编写之初，编写人员搜集相关资料时发现，关于民族团结教育的理论性图书较多，但在实践方面，很少有图书讨论或者记录学校开展民族团结教育的情况。所以本套丛书在体现民族团结精神的基础上，更是填补了民族团结教育实践资料的空白。

本套丛书编写的重点和难点都在于小学、初中、高中的"民族团结融入学科教育读本"。之所以为编写的重点，是因为这3本图书很好地展示了参与编写的3所学校如何在实践中落实民族团结融入学科教育。我们从《民族教育政策法规选编》中可以发现，国家和北京市的相关政策文件多次提出，学校要在学科教学中落实民族团结教育。但如何落实呢？有很多学校对此不知道如何着手，也有很多学校在这方面做出了有益的实践，而这3所学校把这些实践做了记录和整理。一者，可以启发更多的学校参与落实民族团结融入学科教育；再者，可以将这些记录汇编整理成书，供老师、学生们参考和使用，并听取使用者的批评和建议。

之所以为编写工作中的难点,是因为我们为了尽快将这些记录展示给老师学生和专家们,在较短的时间内组织了编写。由于编写的时间紧、任务重,接受任务的老师们在完成沉重的教学任务之外,付出了很多努力,但在知识的准确性、教案挖掘的深度、编写体例的统一等方面,还存在着一些问题,我们在编写、编辑过程中尽了最大努力加以克服。虽然经过教师认真编写,编辑认真勘对,同时北京民族教育协会还专门聘请专家进行了审读,但由于知识点太散杂,错讹在所难免,有的教案挖掘深度也不够,敬请大家谅解,也希望广大老师、学生和专家提出宝贵建议和意见,以便在今后修订时加以完善,促进各学校更加扎实地开展民族团结融入学科教育。

《北京民族教育丛书》编委会
2012 年 8 月 31 日

序 言

《中华人民共和国教育法》总则第六条中明确规定:"国家在受教育者中进行爱国主义、集体主义、社会主义的教育,进行理想、道德、纪律、法制、国防和民族团结的教育。"我校始终认为,承担内地新疆高中班(以下简称"内高班")办班任务是对全体学生开展民族团结教育的良好条件。"内高班"是教育部落实党中央、国务院西部发展战略实施教育援疆的重要举措,也是北京市市委、市政府交给潞河中学的一项光荣而艰巨的任务。

"内高班"不同于一般意义的高中教育,它是针对跨地域、跨文化、长周期寄宿制学生的教育。在学生的教育上不仅包含了体质健康、德性养成和学业增长的目的,还包括了生活适应、习惯养成、文化认同以及较强的自律意识和自理能力等多方面的要求,同时,也给学校教育提出了更高的标准。2004年,我校首届"内高班"学生毕业,北京市委刘淇书记和新疆自治区党委王乐泉书记等领导专门出席毕业典礼,并给我校提出了"做全国内地新疆高中班排头兵"的要求。当年,我们根据办班四年来的实践积累和教育部制定的高中新课程方案,提出了构建学校五大课程体系的目标、任务,其中就包括了"民族课程"建设。

民族课程建设是针对"内高班"学生实际提出的,包括规范预科课程、形成预科学段校本系列教材,其中《成长起步》课程和《内高班学生汉语考核标准及教学讲义》最具特色;此外,针对学生差异和插班特色,重点强化了高中衔接课程和补充教育计划。同时,聘请专家专门编制了《民族与宗教常识教师读本》,目的是在全体教师中普及有关知识,提升其政策水平。2008年,北京市民族教育学会(当时为民族教育研究会)委托我校负责民族团结教育教材高中部分的编写工作。历史教研室特级教师贾长宽承担了《多元一体的中华民族》的编写任务,目前已由民族出版社出版。本书《高中民族团结教育融入学科教育读本》亦属于该项任务之一。

《高中民族团结教育融入学科教育读本》实质是民族团结教学案例汇编,一般高中教师实施学科教学时均可以之作为参考。课堂教学是学校教育的主渠道，教师在课堂上深入挖掘教育素材，开展民族团结教育是教师的教学任务之一。同时，这也是目前高中教学中的盲点，容易被忽视。为此，我们组织了语文、数学、英语、物理、化学、生物、地理、政治、艺术等学科教研室的老师，对课程进行深入挖掘，进行个案研究，在其基础上形成了这本教学案例汇编。

民族团结教育是学校教育的组成部分，中学学科教育特别是人文学科教育中包含有大量的教育素材，其中包括显性的知识内容，更有大量素材隐含在知识内容当中。如何深入的挖掘民族团结教育内涵并针对学生和课程实际实施有效教育，则取决于教师的意识和功底，这是一个值得深入研究的课题。正是由于我校学生中有近五百名来自新疆少数民族地区的学生，并且分散在各个年级和班级，如何利用课堂教学开展民族团结教育也就成为了教师们必须考虑的问题。同时，"内高班"的存在也打破了固有的围绕"课程—活动"为轴心的教育模式，迫使我们必须探索基于校园生活大舞台的教育模式，将教育延伸到学生生活的全部过程。从这个意义上讲，我校民族团结教育的视野将更为广阔，内容也更加丰富了。

当然，正是由于将民族团结教育有效融入学科教育、课堂教学和学生活动是一个刚刚起步、亟待研究的课题，教师所挖掘、提炼的这些教学案例还很仓促与粗犷，权且作为引玉之砖，以使更多的教师参与进来。但我们必须明确，这是每一个教育工作者必须强化的意识、必须思考的问题，也是必须有所作为的一个领域。作为拓荒者，这些成果可能只属浅见，但学校将一如既往地予以鼓励和大力提倡，如果通过北京市民族教育学会的平台能使更多的教师投身到这一领域的研究，一定会形成更为广泛的影响，并取得实效，那才是我们承担这项任务的初衷。

在此，我对所有撰稿教师及参与编制策划的工作人员，以及赋予其展示机会的北京市民族教育学会领导和专家们一并致以谢意！

徐华（北京市通州区潞河中学校长兼书记）
2012 年 3 月 14 日

目 录

语文篇

第一章　高一年级 ……………………………………… (3)
　　第一节　奥斯维辛没有什么新闻 ……………………… (3)
　　第二节　姓氏源流与文化寻根 ………………………… (6)
　　第三节　咏怀古迹 ……………………………………… (10)
　　第四节　苏武传 ………………………………………… (13)

第二章　高二年级 ……………………………………… (17)
　　中国建筑的特征 ………………………………………… (17)

数 学 篇

第一章　高一年级 ……………………………………… (23)
　　第一节　函数模型及其应用 …………………………… (23)
　　第二节　平面向量的实际背景及基本概念 …………… (27)
　　第三节　解三角形应用举例 …………………………… (31)
　　第四节　空间几何体 …………………………………… (34)

第二章　高二年级 ……………………………………… (37)
　　第一节　算法案例 ……………………………………… (37)
　　第二节　定积分的概念 ………………………………… (39)
　　第三节　排列 …………………………………………… (42)
　　第四节　相似三角形 …………………………………… (44)

英　语　篇

第一章　高一年级 ·· (49)
　　第一节　Travel Journal ·· (49)
　　第二节　Music ··· (52)
　　第三节　Festivals around the World ·· (56)
　　第四节　Working the Land ·· (62)
第二章　高二年级 ·· (66)
　　第一节　Great Scientists ·· (66)
　　第二节　Art ·· (70)
　　第三节　Traveling abroad ·· (75)
　　第四节　Meeting your ancestors ·· (80)

物　理　篇

第一章　高一年级 ·· (89)
　　第一节　我国的欹器 ··· (89)
　　第二节　傣族竹楼中的力学问题 ·· (92)
　　第三节　达瓦孜中的力学问题分析 ··· (97)
　　第四节　达坂城的风力发电厂 ·· (101)
第二章　高二年级 ·· (107)
　　第一节　我国古代对磁现象的研究 ··· (107)
　　第二节　我国电能的输送 ··· (110)
第三章　高三年级 ·· (114)
　　第一节　荡秋千 ··· (114)
　　第二节　我国古代对光现象的研究 ··· (118)

化　学　篇

第一章　高一年级 ·· (125)
　　第一节　粗盐的提纯 ··· (125)
　　第二节　最简单的有机化合物——甲烷 ······································· (128)
第二章　高二年级 ·· (131)
　　陶瓷 ·· (131)

第三章　高三年级 ································· （135）
　　合成橡胶 ··································· （135）

生 物 篇

第一章　高二年级（必修） ························· （141）
　　第一节　探索生物大分子的奥秘
　　　　　　——与邹承鲁院士的一席谈 ··········· （141）
　　第二节　现代生物进化理论的主要内容 ········· （146）
　　第三节　内环境稳态的重要性 ················· （150）
　　第四节　保护我们共同的家园 ················· （153）
第二章　高二年级（选修） ························· （159）
　　第一节　果酒和果醋的制作 ··················· （159）
　　第二节　体外受精和早期胚胎发育 ············· （162）

地 理 篇

第一章　高一年级 ································· （169）
　　第一节　水资源的合理利用 ··················· （169）
　　第二节　以畜牧业为主的农业地域类型 ········· （173）
第二章　高二年级 ································· （177）
　　第一节　资源的跨区域调配
　　　　　　——以我国西气东输为例 ············· （177）
　　第二节　中外著名旅游景区欣赏 ··············· （180）
　　第三节　中国的地质灾害 ····················· （184）

政 治 篇

第一章　高一年级 ································· （189）
　　第一节　国家财政 ··························· （189）
　　第二节　人民代表大会：国家权力机关 ········· （191）
　　第三节　处理民族关系的原则：平等、团结、共同繁荣 ··· （196）
第二章　高二年级 ································· （204）
　　第一节　博大精深的中华文化 ················· （204）
　　第二节　用联系的观点看问题 ················· （209）

第三节　价值与价值观 …………………………………… (211)
第三章　高三年级 …………………………………………………… (215)
　　　第一节　完善社会主义市场经济体制 …………………… (215)
　　　第二节　现代国家的结构形式 …………………………… (217)

音乐篇

第一章　高一年级 …………………………………………………… (223)
　　　少数民族民歌 ……………………………………………… (223)
第二章　高二年级 …………………………………………………… (226)
　　　第一节　少数民族舞蹈 …………………………………… (226)
　　　第二节　少数民族戏剧 …………………………………… (228)
　　　第三节　基于少数民族歌曲的创编 ……………………… (231)

美术篇

第一章　高一年级 …………………………………………………… (235)
　　　第一节　藏族宫堡建筑——布达拉宫 …………………… (235)
　　　第二节　"南赵北高"——元代汉族画家赵孟頫
　　　　　　　与少数民族画家高克恭 ………………………… (237)
第二章　高二年级 …………………………………………………… (240)
　　　第一节　元代书法艺术 …………………………………… (240)
　　　第二节　少数民族蜡染工艺 ……………………………… (242)

后　记 ………………………………………………………………… (244)

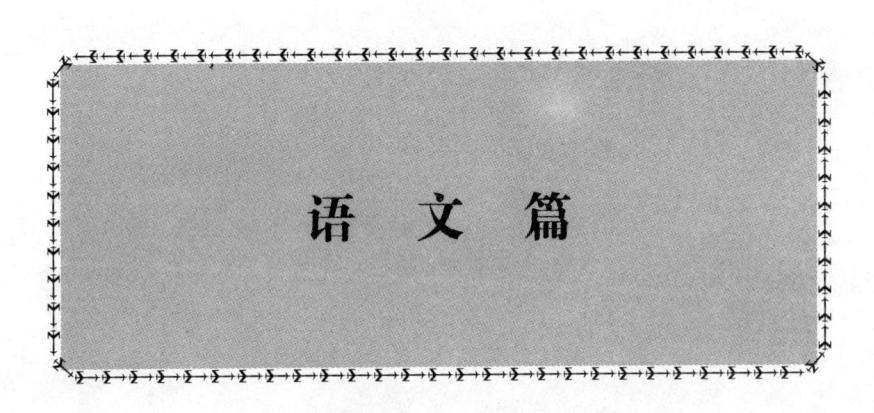

语文篇

第一章　高一年级

第一节　奥斯维辛没有什么新闻

一、教材中的知识点[①]

本节知识点位于：普通高中课程标准实验教科书，高一年级语文第一册，第四单元《博观约取（新闻、报告文学）》，必修课，第39页。

二、民族团结教育的切入点

知人论世，了解极端民族主义给人类带来的巨大灾难，把握作者情感。

三、教学目标

通过搜集和介绍文章背景，了解德国纳粹分子种族灭绝的罪恶，体会作者的情感；通过筛选信息，把握文章内容，感悟各民族和睦相处的意义。

四、教学设计

（一）导入

这是一篇作者自称没有什么新闻的新闻，一经发表便被各大报

[①] 人民教育出版社课程教材研究所、中学语文课程教材开发中心编著：《普通高中课程标准实验教科书语文1 必修》，北京，人民教育出版社，2007。

刊争相转载，一举夺得美国新闻界的最高奖——普利策新闻大奖，成为新闻史上不朽的名篇，奥斯维辛是什么地方，"没有新闻"还如此受人关注？

（二）课堂教学

首先，投影展示同学们在课前收集的有关奥斯维辛集中营的文字介绍和图片，检查预习成果。营造情感氛围。

然后，让课代表简要阐述奥斯维辛集中营的罪恶。

最后，让学生一起默读课文，来感悟该新闻写到的奥斯维辛集中营的罪恶。（气氛沉静严肃）

教师：文章哪些描述是让人触目惊心的？在奥斯维辛曾经发生过怎样让人惨不忍睹的事实？（学生速读筛选信息）

学生：第二次世界大战中，纳粹对欧洲的犹太人进行了集中的大屠杀，数百万人惨死在集中营中……文中的这些信息更是让人触目惊心的："十四年前，最后一批囚徒被剥光衣服，在军犬和武装士兵的押送下走进毒气室。""这里进行集体屠杀。""用人体做各种试验。""波兰人说，共有400万人死在那里。""牢房、毒气室、地下室和鞭刑柱……""玻璃窗内成堆的头发和婴儿的鞋子。""关押被判处绞刑的死囚的牢房……""在女牢房，他看到了一些盒子。这些三层的长条盒子，6英尺宽，3英尺高，在这样大一块地方，每夜要塞进去5~10人睡觉。""在妇女身上搞不育试验的地方。""数以千计的照片，是囚徒们的照片。他们都死了——这些面对着照相机镜头的男人和妇女，都知道死亡在等待着他们。"——以上的描述足以说明奥斯维辛集中营充斥着杀戮，惨无人道，是名副其实的"人间地狱"。

教师：德国纳粹对犹太人的灭绝是一场人类的浩劫，不堪回首。第二次世界大战结束已经整整半个多世纪了，纳粹的罪恶给我们带来痛苦的同时也让我们深思。痛定思痛，请同学们思考，纳粹种族灭绝的罪恶目的得逞了吗？这段让人类难堪的历史给我们怎样的启迪和教训，各民族应该如何相处？

学生讨论、小组代表回答：（略）

老师：纳粹的种族灭绝最终破产，而他们的罪恶深深地刻在了历史的耻辱柱上。我们不难得出这样的教训：①民族的生命是顽强不息的，任何一个民族都有在世界上栖息繁衍的平等权利，全人类要和平发展。②民族之间的恩恩怨怨应该及早了结。以宽容的态度审视过去，坦荡迎接未来，祖辈的恩怨，后代不宜相继。③只有各民族和睦相处，互利互惠，才能实现共赢，迎来美好生活！

教师：2011年刚刚过去，当今世界还有哪些民族热点问题？读了这篇文章后对这些问题你有怎样见解？

学生：巴以冲突、中东巨变、欧洲多元文化冲突、基地组织恐怖袭击等……（回答略）

教师点拨：人类文明的发展需要包容，民族的发展并不排斥其他民族的发展，更不能以其他民族的消亡为前提，仇恨、冲突、对抗、恐怖袭击，只会是历史悲剧的重演。血的教训告诉我们，各个民族共同发展，公平地分配资源，保持兄弟般的情谊，才会迎来人类文明的春天，我们最新提出的北京精神，"爱国创新，包容厚德"就很重视包容精神，这是和谐发展的要求。

（三）作业

《奥斯维辛没有什么新闻》这一作品本身的意义是什么？其在当今世界背景下的社会意义是什么？能否从这两个角度写一段颁奖词？不少于200字。

五、教学反思

（一）凸显"情感态度和价值观"

《奥斯维辛没有什么新闻》之所以能获得美国普利策新闻奖，其中一个重要原因就是它凸显的社会意义。第二次世界大战已经结束几十年了，曾经的种族仇视、种族灭绝使美丽的奥斯维辛成为人间地狱，是什么造成了这场悲剧？这正是引导学生感悟民族团结的契机。如何让学生深深体会这一点呢？教师引导学生自行查找相关资料，以学生自己的体验感染自己，获得领悟。然后再通过课堂讨论，使同学们深刻认同各民族和睦相处的重要意义。

（二）关注学习的过程

语文学习是一个体验的过程，"过程和方法"有时可能比重结果的"知识与能力"更为重要。所以在教学中应注重引导学生自己查资料、展示成果、自读课文、互相讨论、互相启发，老师只在关键时候引导点评,整节课因而流畅又充实自然。

(三)积极实践自主、合作、探究的学习方式

《基础教育课程改革纲要(试行)》最先提出了"转变学习方式"的任务理念,提倡自主、合作与探究式的学习方式,逐步改变以教师为中心、以课堂为中心和以书本为中心的局面。课前安排学生去搜集有关奥斯威辛集中营的资料,加深对纳粹罪恶的了解,其搜集的过程本身就是自主学习的过程,搜集整理的过程中学生也会产生自己的思考;然后在同学小组内交流材料;课上,同学们根据自己的阅读体验,提出问题,互相启发,体现了合作交流。探究学习,是学生自主、独立的发现问题,并通过各种途径寻求问题的答案的学习方式,本课中教师应给与学生自主、合作、探究的空间,教师在这堂课上是学生学习活动的组织者和引导者。

六、教学资源

1. 熊坤新、裴圣愚:《回眸与思考:2011年世界民族热点问题述评》,见熊坤新的新浪博客,http://blog.sina.com-cn/s/blog-53c345a80100z718.html。

第二节 姓氏源流与文化寻根

一、教材中的知识点[①]

本节知识点位于:普通高中课程标准实验教科书,高一年级语文第二册,第三部分《梳理探究》,必修课,第73页。

二、民族团结教育的切入点

中国的姓氏记载着民族文化融合的印记,中华文化是一个多元的文化。

三、教学目标

引导同学们培养语文探究学习的兴趣爱好,增强民族自豪感与

---

① 人民教育出版社课程教材研究所、中学语文课程教材开发中心编著:《普通高中课程标准实验教科书语文2必修》,北京,人民教育出版社,2006。

认同感，继承和传承中华文化传统。

四、教学设计

（一）导入

"赵钱孙李，周吴郑王，冯陈褚卫，蒋沈韩杨，朱秦尤许，努尔，古丽，江"，我们伟大的祖国地广人丰，姓氏繁多。

（二）课堂教学

教师：你所知道的中国的姓氏有哪些？说说你自己姓氏的来源。（随机提问少数民族同学，捕捉民族融合的印记）

学生：（略）

教师：我们中华民族是个多民族的大家庭，民族的和睦相处使我们的文化趋向和谐。姓氏就是一个典型例子。刚才我提问的同学，你们能光从姓氏上就能完全分辨他是哪个民族的吗？

学生：不能。

教师：这里还有许多名人：蔡明（回）、马三立（回）、李贽（回）、舒庆春（满）、曹雪芹（满）、赵忠祥（满）、侯耀文（满）、李宁（壮族）、席慕容（蒙古）……你能从他们的姓氏分辨他们的民族吗？——同样不能。

在历史上，我们中华大地的各民族在同一块土地上像兄弟一样和睦，生生不息，渐渐地许多少数民族因为各种原因采用了汉族的姓氏。只有我们探究源流，才会发现某人的姓氏大概属于哪一个民族。大家能不能举些例子？

学生：（略）

【老师补充展示PPT】

例如满族姓氏演变：

"瓜尔佳"，世居东北一带，以地为姓，是清朝满族八大姓氏之一，后改汉姓为关、白、石、（包）鲍、汪等；近人关天培、关向应，即属其族裔。

"爱新觉罗"，世居东北一带，以地为氏，是清朝皇室姓氏，后改汉姓为金、赵、肇、罗、艾等氏。据满洲语之音与义译，爱新一词为金，觉罗两字为赵，此族应始兴于金国。

（教师）笔记

教师：同学们有什么发现？

（引导学生探究趣味，并认识到民族文化的根在以汉族为主的各民族文化的融合）

学生回答：（略）

教师：回族、俄罗斯族、满族、蒙古族、锡伯族等一般都有汉姓。（此处可简介黄帝、嫘祖，阐述华夏民族的由来。）华夏民族由炎、黄二部族又与居住在东方的夷族、南方的黎族、苗族的一部分逐渐融合，形成了春秋时期的华族，汉以后称为汉族。其中，黄帝部的文化水平是最高的，其次还有嫘祖。后来黄帝族就成为华夏文化的代表。

我们班有许多维吾尔族同学，他们的姓氏特点是怎样的，请同学们介绍一下？

学生回答：（略）

教师：维吾尔族的名字自有一套规律，由本名加父名而成，由于人们的名字常常出现重复，所以在正式场合和文书中，甚至还要加上祖父名、先祖名或出生地名来作区分。这样一来，一个人的名字全称就有一大串儿。

【老师补充展示PPT】

维吾尔族人的命名，内容十分丰富，范围广泛而多样，几乎包罗万象，其命名的方式和内容主要有：

1. 以族名、部落命名的。如"乌依古尔"，"乌依古尔"即维吾尔部落的名称。

2. 以地名命名。如"古力热古丽"（伊犁的花）。

3. 以动物命名。如女孩有"托孜"，意为"孔雀"；男性有"西日阿洪"（狮子）。

4. 以十二生肖命名。虎年生的称"尧里瓦斯"（老虎），在羊年生的则叫"阔孜巴依"（羊）。

5. 以花卉草木命名的。如"塔吉古丽"（鸡冠花）、"阿娜尔汗"（石榴）、"热依汗古丽"（十姐妹花），男性以植物命名的有"帕萨尔"，"帕萨"是指收割玉米后，掉在田边地角的玉米叶子、杆子等。（根据本班情况选择资料）

教师：维吾尔族的姓氏用汉字表达，依然那么美，别有韵味。据资料显示，目前中国人姓氏超过7000种，汉族和少数民族姓氏大约各占一半。中国是统一的多民族国家，各民族的姓氏多姿多彩。

教师：许多少数民族有汉姓，受到了中原汉族文化的影响，其这种影响是相互的，你知道在哪些方面体现了少数民族对汉民族的影响的？

学生回答：（略）

教师点拨：衣食住行艺术文化各个方面都有影响，例如："胡饼"、"胡服"。过去汉族人只会吃水煮面食，真正的饼是西北少数民族带进来的，所以叫胡饼，类似的还有胡麻、胡桃、胡椒酒、胡瓜等。还有"酥"之类的奶制品等等。"胡服骑射"大家都熟悉，胡服是满裆裤，适应马背生活，后传入汉族，包括棉织品也是少数民族传入的；笛子琵琶，也来自少数民族乐器，"敕勒歌"是胡歌汉译，是放牧生活的写照；"木兰辞"中的花木兰更是民族融合环境下的中原妇女形象；就是姓氏方面，原来有一些姓氏本出自胡人，在民族融合后也变成了汉姓，如宇文赫连等。

（三）作业

请从本家族姓氏入手，查阅资料或询问本家族老者，调查家族的源流，有哪些奇闻轶事，重要事件？写成一篇调查报告，不少于500字。

五、教学反思

（一）选准契机自然熏陶

从姓氏角度切入，上溯至文化源头，是民族团结教育融入学科教育教学的极好切入点。备课过程中，教师发现许多看起来是汉族的名人都是少数民族，于是顺藤摸瓜，了解到各少数民族的姓氏演变以及中华文化的强大生命力和号召力。这是一个自然的、各民族自主选择的过程。认识这一点可以让同学们更好的认识现在各民族的关系。

另一方面，教育贵在自然，灌输显然不是我们想要的，让同学自己去收集资料、探究发现，这既符合新课标的要求，也是让学生们接受民族团结教育最亲切、最合理的方式。这节课，同学们兴趣盎然，从准备阶段就带着充分的好奇，效果十分理想。

（二）结合本班实际效果佳

好的课总是让听者能够参与其中，积极思考。潞河中学的班级里少数民族同学很多。我们班就有维吾尔、哈萨克、蒙古、回、满等少数民族学生十多人。以这些民族与汉族交融的知识为重点，轻而易举的就把学生的注意力抓住了，促进了学生的求知与探究知识的兴趣。

六、教学资源

（1）袁义达、杜若甫编著：《中国姓氏大辞典》，北京，教育科学出版社，1996。

（2）李里：《国学精义之诸子百家》（VCD）。

第三节 咏怀古迹

一、教材中的知识点[①]

本节知识点位于：普通高中课程标准实验教科书，高一年级语文第三册，第二单元，必修课，第38页。

二、民族团结教育的切入点

了解作者借古抒怀的表现手法、了解诗歌背景，评价昭君其人。认识昭君出塞对于当时促进民族友好、民族融合的伟大历史功绩。让学生学会以辩证的眼光看待作者借古抒怀的写作手法与昭君出塞的积极历史意义之间的关系。

三、教学目标

引导学生认识到各民族应该和平相处、沟通交流、互通有无，民族融合是历史的大趋势，是历史的一种进步。

四、教学设计

（一）导入

汉元帝年间，巴山楚水一个倾国倾城的女子走进了朔风劲草的

[①] 人民教育出版社课程教材研究所、中学语文课程教材开发中心编著：《普通高中课程标准实验教科书语文3必修》，北京，人民教育出版社，2007。

茫茫大漠，只留下青冢黄昏。唐大历年间，羁旅半生，历尽沧桑的杜甫来到了昭君的家乡，遥想千年前的美人，他会发生怎样的感想呢？让我们仔细品读"咏怀古迹（三）"。

教师：诗人在这首诗中深深地怀念昭君不是偶然的，他的遭遇跟昭君太相似了，但他不好直接怨君，所以借王昭君之事抒写自己的悲愤。这是一种什么写法？

学生：借古抒怀。

教师：美女不能得宠与文人不能受到重用，何其相似。这历来成为后人咏叹的对象。请同学们猜想一下昭君出塞以后的个人感受。

学生：（略）

教师：中国文学史上骚人墨客莫不咬定王昭君在塞外受苦受难，所以跟着也伤心同情。其实呢？（引起好奇）

事实上，王昭君是主动要求出塞的。而嫁给呼韩邪单于，她的幸福才真正开始。就在王昭君辞行后当年，公元前33年，汉元帝就死了。如果把她留下，最好的结局不过一个被汉元帝偶尔宠爱的普通小宫女而已。而塞外广阔的苍穹，使她拥有了丰富的爱情和人生温暖。

【老师补充展示PPT】

王昭君在车马财物的簇拥下，肩负着汉匈和亲之重任，别长安、出潼关、渡黄河、过雁门，历时一年多，于公元前32年初夏到达漠北，受到匈奴人民的盛大欢迎，并被封为"宁胡阏氏"。

昭君出塞后，汉匈两族团结和睦，国泰民安，"边城晏闭，牛马布野，三世无犬吠之警，黎庶忘干戈之役"，展现出欣欣向荣的和平景象。王昭君的历史功绩，不仅仅是她主动出塞和亲，更主要的是她出塞之后，使汉朝与匈奴和好，边塞的烽烟熄灭了50年，增强了汉族与匈奴民族之间的民族团结，是符合汉族和匈奴族人民的利益的。她与她的子女后代以及姻亲们对胡汉两族人民和睦亲善与团结做出了巨大贡献，因此，她得到历史的好评。元代诗人赵介认为王昭君的功劳，不亚于汉朝名将霍去病。昭君的故事，成为我国历史上流传不衰的民族团结的佳话。

教师：看了这段历史，你有何感受？

(教师)笔记

　　学生：（略）

　　教师：昭君的幸福是与民族的交流与融合紧密联系在一起的。而杜甫《咏怀古迹》中的"千载琵琶作胡语，分明怨恨曲中论"，是替古人伤心，实为假借古事抒发自己的心中块垒。

　　匈奴民族现在演变成了什么民族？

　　学生：（略）

　　教师：这一点还有许多未解之谜。有资料记载，匈奴在东汉时期分裂成为南北匈奴。南匈奴归附汉，北匈奴西迁，各与当地民族杂居，作为一个民族，渐渐消失了。而我们不难发现各民族和平相处是美好幸福的，符合各民族百姓的愿望，各民族走向融合也是自然而然的事情。请同学们回去查一查，根据昭君出塞的故事改编的文学作品有哪些，体会文人与史学家对昭君的不同解读。

（二）作业

　　根据昭君出塞改编的文学作品有哪些？如果由你重新创作一部作品，你想以什么为主题？说说你的想法，不少于200字。

五、教学反思

（一）新视角解读添巧妙

　　这节课我们宕开一笔，从昭君的感受出发，用崭新的视角去理解历史，评价昭君。这样既可以还原民族融合的历史全貌，加强民族团结的意识，又可以巧妙地加深同学们对借古抒怀手法的理解，体会文人创作的情怀。同学们在这一环节，普遍表现兴趣十足，若有所悟，基本达到了预期的效果。

（二）小切口分析找情境

　　汉代中原民族与匈奴的关系以及匈奴的发展历史，是民族团结教育的重要切入点，在许多古代文学作品中都有涉及。我们在把握主题思想、文学特色的过程中创设民族团结教育的情境，可以事半功倍。许多同学们对民族团结的历史一知半解，本课在语文学科教育的同时，又满足了他们对历史知识求知的需要。

（三）探究型作业促发展

评价能力是高一同学的弱点，也是实行新课标后高考考察的重点能力。本课作业旨在调动学生的主动精神，拓展阅读，在增加对历史事件的理解的基础上，丰富学生的评价角度，逐渐提高他们辨证认识历史事件的水平。

第四节 苏武传

一、教材中的知识点[①]

本节知识点位于：普通高中课程标准实验教科书，高一年级语文第四册，第四单元《苏武传》，必修课，第67页。

二、民族团结教育的切入点

苏武牧羊的历史、对爱国主义的认识。

三、教学目标

通过比较苏武和岳飞，加深对爱国主义的理解。弘扬爱国主义精神，理解民族关系中融合发展的主流。

四、教学设计

（一）导入

爱国主义是一种深厚的民族感情，是对本民族深深的爱，进而升华成为对国家、对人民的爱。这种爱聚集了各族人民为中国的发展而不怕牺牲，无私奉献。

（二）课堂教学

教师：同学们，课文《苏武传》使我们了解了苏武，请同学们阅读岳飞的相关材料，结合课文比较苏武和岳飞，在他们身上体现

[①] 人民教育出版社课程教材研究所、中学语文课程教材开发中心编著：《普通高中课程标准实验教科书语文4 必修》，北京，人民教育出版社，2006。

了什么样的一种精神？

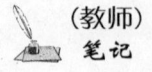

(教师)笔记

【教师补充展示 PPT】

岳飞，字鹏举。北宋绍兴十年（1140年）夏，金人撕毁和约南侵，岳飞率军奋起抗战，大破金兵于蔡州、陈州、颍州、郑州、西京、嵩州、许州、孟州、卫州、怀州、郾城、颍昌府等地，并在郾城大捷、颍昌府大决战中粉碎了金"拐子马"、"铁浮图"不可战胜的神话，朱仙镇大捷更是威振敌胆、金兀术叹呼"撼山易、撼岳家军难！"正当岳飞所向披靡，抗金取得节节胜利之际，宋高宗于绍兴十年七月十七日连下十二道金牌，强令岳飞班师。绍兴十一年（1141年）四月二十四日，秦桧为剪除和谈障碍，指使万俟卨上章诬蔑一贯主战的岳飞"谋反"，收买王俊作假证，十月将岳飞父子和部将张宪关进杭州大理寺。绍兴十一年十二月二十九日（1142年1月28日），赵构秦桧以"莫须有"的谋反罪名，将岳飞父子和张宪诬害，岳飞宁死不屈，临刑前挥笔写下"天日昭昭，天日昭昭"八个大字。

岳飞《满江红·怒发冲冠》："怒发冲冠，凭栏处，潇潇雨歇。抬望眼，仰天长啸，壮怀激烈。三十功名尘与土，八千里路云和月。莫等闲，白了少年头，空悲切。靖康耻，犹未雪；臣子恨，何时灭！驾长车，踏破贺兰山缺，壮志饥餐胡虏肉，笑谈渴饮匈奴血。待从头，收拾旧山河，朝天阙。"

《汉书·苏武传》载："律知武终不可胁，白单于。单于愈益欲降之，乃幽武，置大窖中，绝不饮食。天雨雪，武卧啮雪，与毡毛并咽之，数日不死。匈奴以为神，乃徙武北海上无人处，使牧羝，羝乳始得归。别其官属常惠等，各置他所。

"武既至海上，廪食不至，掘野鼠去草实而食之。杖汉节牧羊，卧起操持，节旄尽落。"

学生讨论回答：（略）

教师：他们都是在反抗外来掠夺、压迫的斗争中做出了杰出贡献的人物，他们不畏强暴、不怕牺牲。而支撑他们无私奉献、无畏牺牲的正是深厚的爱国主义情感，这种情感使他们忘"小我"而顾"大家"。

【教师补充展示 PPT 资料】

爱国主义是指个人或集体对"祖国"的一种积极和支持的态度，它包含对祖国的成就和文化感到自豪、强烈希望保留祖国的特色和文化基础、对祖国其他同胞的认同感。爱国主义也是一种超越民族的情感，正是这种鲜明的情感促进了民族的融合，促进了中华大家庭的团结与发展。

教师：这里有个值得思考的事：乾隆皇帝曾经隆重拜谒过岳王庙——大家知道岳飞可是抗金英雄。你怎么理解？（引导学生自主思考爱国主义的作用）

学生：爱国主义有巨大的凝聚作用，是跨越民族的情感。

教师：历史上，走向民族大融合是历史的大趋势，但民族间也存在着压迫或掠夺与反压迫或反掠夺的历史。那些在反抗外来民族的侵略、压迫斗争中做出杰出贡献，体现出不屈意志不畏强暴的人，之所以受到各族人民的共同尊敬，是因为他们身上体现的深厚爱国主义情感。反抗强暴，是不朽的精神，各民族共同颂扬。各民族共处、互助、互利、共同发展，各族老百姓都会拥护。现在的中华民族是融合了56个民族的特有文明，值得我们珍惜，值得我们骄傲……

教师：阎崇年先生在"百家讲坛"讲清史，其中一些观点广受热议，例如，他认为"剃发易服"是民族文化的一种交流形式，清军入关更多的是促进了民族融合，你怎么看。

学生讨论回答：（略）

教师小结：清朝是中国历史上不多的少数民族大一统的政权，客观上确实极大地促进了民族融合，"否则中国还是单纯的汉本位国家"（阎崇年语），顺应了时代的发展，清朝带来了鲜明的满族文化，但同时也传承了汉文化的传统保持了社会稳定和繁荣发展。

（三）作业

请分析法国的圣女贞德和中国的苏武，他们的事迹给你带来怎样的感触？不少于200字。

五、教学反思

（一）比较拓展开思路

苏武和岳飞身上都同样闪烁着爱国主义的光芒。教师在讲《苏武传》时，就自然地联系到岳飞，在拓展了学生阅读和思考的领域的同时，又加深了学生的认识，增大了课堂的容量。这里我们设置

(教师)笔记

(教师)笔记

了两个思考切入点。一个是对爱国主义的精神领悟，激发同学们的爱国主义情怀；另一个是引导同学们对清乾隆帝拜谒抗金名将岳飞的思考，创设民族团结教育的情境。教师再顺势指出民族大融合的历史趋势以及爱国主义的不朽精神，各民族人民皆会颂扬。

（二）讨论发言求真知

同学们有讨论、互相启发的习惯，这也是合作学习的一种体现。通过观点的碰撞，同学们对爱国主义以及民族大融合的历史趋势有了新的探索性的认识，获得了主动求知的快感。

第二章 高二年级

中国建筑的特征

一、教材中的知识点[①]

本节知识点位于：普通高中课程标准实验教科书，高二年级语文第五册，第三单元，必修课，第55页。

二、民族团结教育的切入点

各个民族地区的建筑和其他大部分地区的建筑有许多相似之处，如弟兄同属一家。

三、教学目标

（1）提高说明文的阅读理解能力，包括筛选信息和探究问题的能力。

（2）从建筑角度，引导学生领悟各民族的兄弟关系，56个民族兄弟同属一个和谐大家庭。

（3）激发学生对民族建筑的热爱之情和对民族团结的珍惜之意。

---

① 人民教育出版社课程教材研究所、中学语文课程教材开发中心编著：《普通高中课程标准实验教科书语文5必修》，北京，人民教育出版社，2006。

四、教学设计

（一）导入

中国是世界四大文明古国之一，有着悠久的历史，劳动人民用自己的血汗和智慧创造了辉煌的中国建筑文明。下面，请同学们首先阅读一些材料，以逐步了解我国的建筑特征。

（二）课堂教学

我国各民族的建筑形式多样，让我们来看看各民族的多彩建筑吧！（以下只附部分文字简介以供示范，图片和文字可根据教师喜好编排，具体内容可参考"教学资源"部分提供的网站。）

【PPT展示图片和文字简介】汉族传统建筑

汉族由于分布地区广大，其传统住房因地区不同而有不同的样式。居住在华北平原的汉族，其传统住房多为砖木结构的平房，院落多为四合院式，以北京四合院为代表；居住在东北的汉族，其传统住房与华北基本相似，区别在墙壁和屋顶，那里的住房一般都很厚实，主要是为了保暖；居住在陕北的汉族，则根据黄土高原土层厚实、地下水位低的特点挖窑洞为住房，窑洞不仅冬暖夏凉，而且不占耕地面积，在汉族居住历史上有着重要位置；居住在南方的汉族，其传统住房以木建房为主，讲究飞檐重阁和律卯结构。由于南方各地习俗和自然条件不同，在住房建筑布局上也有差异。如丘陵山地的楼房依山而建，江浙水乡则注重前街后河，福建的土楼庞大而美观，苏州的楼阁小巧而秀丽。无论南方还是北方的汉族，其传统民居的共同特点都是座北朝南，注重室内采光；以木梁承重，以砖、石、土砌护墙；以堂屋为中心，以雕梁画栋和装饰屋顶、檐口见长。

【PPT展示图片和文字简介】侗族传统民居

侗寨的房屋一般是用杉木建造的木楼，多为2~3层，在河边或山坡上的房屋大多为吊角楼。鼓楼是侗寨的标志，此种建筑吸取了汉族古代建筑的精髓，又突破了塔楼的常规，下部呈方形，瓦檐呈多角形，飞檐重阁，形似宝塔，高耸寨中。鼓楼一般一姓一座，较大的寨子有三四座以上，是侗族人民开会娱乐的场所。

【PPT 展示图片和文字简介】藏族传统民居

藏族农区城镇人多垒石建房，房屋平顶多窗，造型及色泽质朴，具有浓厚的民族特色。帐篷是牧民的住所，一般分为布料和牛毛帐篷两种，有方形和椭圆形，迁移方便，结实耐用。

【PPT 展示图片和文字简介】维吾尔族传统民居

维吾尔族民居一般为平顶，房顶留有天窗，屋外有带护栏的廊，屋内设有壁炉、壁龛。壁炉用于做饭取暖，壁龛用于放置日用物品。房屋内外装饰着各种纹饰，色彩鲜艳夺目。

【PPT 展示图片和文字简介】蒙古族传统民居

蒙古包是蒙古族的传统住房，其特点是易于装拆搬迁。一座蒙古包只需两峰骆驼一辆牛车就可运走，两三个小时就可搭盖起来。蒙古包内使用面积大，空气能很好地流通，采光好，冬暖夏凉，遮风挡雨，很适合牧民的生活。

【PPT 展示图片和文字简介】哈萨克族传统民居

哈萨克族很早就创造了便于搬迁的房屋——毡房。其外形似"蒙古包"，四壁支杆，为穹窿状，顶部呈弧形，中央开一天窗，白天揭开来通风接受阳光，夜晚及雪雨天盖上以防风寒。毡房内前半部分放置物品，后半部分住人，也是从事手工生产及待客的地方。

教师：我国各民族建筑有什么异同？

学生回答：（略）

教师：我国各民族的建筑各有特色，我们不难发现它们有许多相似之处。其实他们同属一个体系，有如兄弟般同属一家。

教师：我们知道蒙古包是蒙古族人民为适应游牧生活而设计的，我很感兴趣咱们班维吾尔族同学所熟知的维吾尔族民居在设计上与他们的生活有什么联系？

学生回答：（略）

教师总结：维吾尔族传统民居以土坯建筑为主，多为带有地下室的单层或二层拱式平顶房，农家还有晾制葡萄干的镂空花墙的晾房，有前后院，院里有渠水和葡萄架。为了适应宗教仪式活动，一般民居都有一间上房，还有一种"阿以旺"式民居，带有阿以旺厅，宽敞明亮，铺有地毯，每当佳节庆典，是能歌善舞的维吾尔族人民欢聚弹唱，载歌载舞的地方，这样的厅堂代替了户外活动场所，是为了适应风沙寒冷、酷暑等新疆特有的环境气候。总之，少数民族民居与当地地理和民族生活息息相关。

（三）作业

你的家乡有哪些有民族特色的建筑？面对日益增多的现代化的高楼大厦，你有什么思考？请谈谈，不少于200字。

五、教学反思

（1）这是一篇科普作品，属于建筑学小论文。能够便于教师教学的点有：一方面这篇文章能够提升学生对建筑的审美能力；另一方面梁思成的建筑美学思想里有着强烈的民族文化复兴意识和民族精神的审美意识，认真品读课文，我们不仅能收获有关中国建筑学的科学知识，而且能从作者严谨的表述中，感受到作者心中涌动的强烈的民族情怀和独特的审美境界。

（2）通过阅读课文和补充材料，教师可以引导学生筛选信息，概括归纳，不断探究中国建筑的特征，着意驱引学生的好奇心，顺畅地完成本课的学习。这样不仅有利于培养学生探究的能力，而且使得学生学习得情趣盎然。不经意间，他们自己就会发现中国建筑的奥妙，逐渐领悟中华大地上的各个民族是水乳交融的和谐关系。这时，只需要老师适当明确一下，我们的课堂目标就能顺利实现了。

六、教学资源

（1）http：//www.bjethnic.gov.cn/
（2）http：//www.e56.com.cn/

数学篇

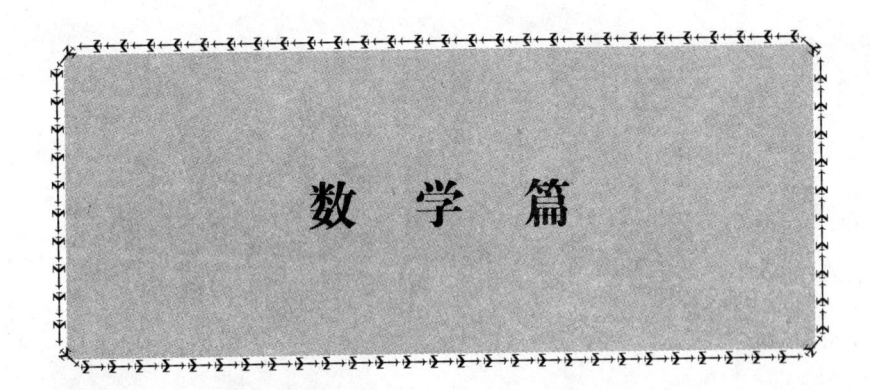

第一章 高一年级

第一节 函数模型及其应用

一、教材中的知识点[①]

本节知识点位于：普通高中课程标准实验教科书，高一年级数学必修1，第三章《函数的应用》，第二节《函数模型及其应用》，第112页。

二、民族团结教育的切入点

了解我国少数民族人口分布情况，提高对各少数民族基本情况的认识和了解。

三、教学目标

（1）体会数学模型在解决实际问题当中的作用。

（2）在少数民族人口资料的搜集整理过程中，增强对少数民族情况的认识和了解，使学生对于少数民族的基本情况有更深入的了解。

四、教学设计

（一）引言

人口问题是当今世界各国普遍关注的问题。认识人口数量的变

[①] 人民教育出版社课程教材研究所、中学数学课程教材研究开发中心编著：《普通高中课程标准实验教科书数学1必修》，北京，人民教育出版社，2007。

化规律，可以为有效控制人口增长提供依据。

1. 人口普查知识介绍

我国人口普查工作始于 1953 年，1964 年进行第二次人口普查，1982 年 7 月进行第三次人口普查，1990 年 7 月进行第四次人口普查，2000 年 11 月进行第五次人口普查，2010 年 11 月进行了第六次人口普查工作。

2. 我国少数民族人口发展状况调查

根据 2000 年全国人口普查的结果（下同），在 55 个少数民族中，人口在百万以上的有 18 个民族，包括：蒙古、回、藏、维吾尔、苗等族。其中壮族人口最多。人口在百万人以下 10 万人以上的有 15 个民族，包括：傈僳、佤、畲、拉祜、水等族。人口在 10 万人以下 1 万人以上的有 15 个民族，包括：布朗、撒拉、毛南、阿昌、普米、塔吉克等族。人口在 1 万人以下的有 7 个民族，他们是门巴、鄂伦春等族。另外，还有未认别的人口，共 73.4 万多人。

（二）数学模型应用

1. 教学实例

早在 1798 年，英国经济学家马尔萨斯就提出了自然状态下的人口增长模型：$y = y_0 e^{rt}$。其中 t 表示经过的时间，y_0 表示 t = 0 时的人口数，r 表示人口的年平均增长率。

请你搜集我国少数民族人口的数据资料，建立我国少数民族近年来的人口增长模型，并检验所得模型与实际人口数据是否相符。

表1　少数民族人口数据表

年份	1964	1982	1990	2000
人口数	39 883 909	67 233 254	91 200 314	106 430 000

注：此表根据中国统计局人口普查数据整理。

教师分析：以 1964 年少数民族人口数为基数，即 y_0 = 39 883 909，设 1964—1982 年间的少数民族人口的年平均增长率为 r，则 39 883 909 × $(1+r)^{18}$ = 67 233 254，解得 r = 2.94%，则由马尔萨斯自然状态下的人口增长模型得，到 1982 年，我国少数民族人口理论数据为：y = 67 705 875；到 1990 年，我国少数民族人口理论数据为：y = 85 658 885；到 2000 年，我国少数民族人口理论数据为：y = 114 935 714。将理论数据与实际数据作图如下：

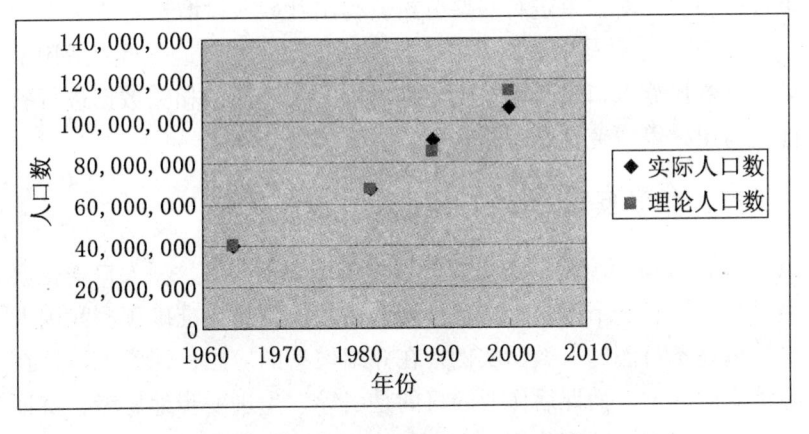

图1 理论人口数与实际人口数比较图

通过图1我们发现，理论数据与实际数据的拟合基本成功，说明我国近年来少数民族人口增长基本符合马尔萨斯自然状态下的人口增长模型。

2. 课堂练习

根据2000年普查结果，少数民族当中，壮族人口最多，壮族最近两次人口普查数据如下：

表2 壮族人口普查数字表

年份	1990	2000
壮族人口数	15 555 820	16 178 811

注：此表根据中国统计局人口普查数据整理。

请你根据1990年和2000年的壮族人口普查数据，利用马尔萨斯人口增长模型预测2010年人口普查时壮族人口数。

解：$y_0 = 15\ 555\ 820$，由 $y_0(1+r)^{10} = y_1$ 得壮族人口年平均增长率为 $r = 3.93\%$，到2010年，预测壮族人口数为：$y = y_0 e^{rt} = 15\ 555\ 820 \times e^{10 \times 3.93\%} = 23\ 044\ 678$。

答：利用马尔萨斯人口增长模型预测2010年人口普查时壮族人口数约为23 044 678人。

(三) 课后作业

(1) 请你用2010年人口普查的实际数据对课堂练习的预测结

果进行检验，对误差进行一些分析，得出壮族人口增长的结论。

（2）请你对马尔萨斯人口增长模型提出一些改进，得出适用于某一少数民族人口增长的模型，并用国家统计局的相关数据进行验证，写出一篇研究性学习报告。

五、教学反思

（1）人口模型是一类重要的数学模型，而马尔萨斯人口增长模型只是自然状态下的一个理想模型，用此模型想要准确预测我国人口数据是不可能的。教学实例旨在介绍模型的应用，课堂练习旨在熟练应用模型，而课后作业的目的是引导学生进一步地思考，辨证认识数学模型的预测作用。那么，如何对这个模型进行改进，使之更能模拟我国人口增长呢？这其实是一个非常好的研究性学习课题，可以引导学生进行思考。

（2）在本节课中教师没有采用课本既有的我国人口数据，而是有意识地采用了中国统计局人口普查数据中的少数民族人口数据进行例题的讲解与分析，这极大地激发了学生的求知欲望。而且对于班里的少数民族学生，更起到了意想不到的作用。有不少新疆学生课下上网搜索维吾尔族或者哈萨克族人口数据完成了课后作业的研究性学习报告。

（3）高中生对于少数民族的知识了解不应该仅局限于他们的风俗习惯，在数学课堂上，他们应该学会用学科的专业知识去深入研究少数民族各方面知识，真正做到学以致用，不流于表面。

六、教学资源

（1）豆晓荣：《壮族》，乌鲁木齐，新疆美术摄影出版社、新疆电子音像出版社，2009。

（2）http://www.gov.cn

（3）http://www.stats.gov.cn/

（4）国家民族事务委员会经济发展司、国家统计局国民经济综合统计司编：《中国民族统计年鉴·2010》，北京，民族出版社，2011。

第二节 平面向量的实际背景及基本概念

一、教材中的知识点[①]

本节知识点见于：普通高中课程标准实验教科书，高一年级数学必修4，第二章《平面向量》，第一节《平面向量的实际背景及基本概念》，第84页。

二、民族团结教育的切入点

了解我国少数民族分布情况，增强对于少数民族知识的了解。

三、教学目标

（1）了解平面向量的实际背景及基本概念。
（2）了解我国少数民族的分布情况，增强民族自豪感。

四、教学设计

（一）向量的物理背景与概念

1. 引入

我们在物理课上学过，位移是既有大小、又有方向的量，你还能举出一些这样的量吗？

在物理学中，力是很重要的一个概念，我们学过重力、浮力、拉力、压力等等。这些力同位移一样，都是既有大小、又有方向的量。

我们可以对力、位移……这些既有大小又有方向的量进行抽象，形成一种新的量。在数学中，这种既有大小、又有方向的量便是向量。而那些只有大小、没有方向的量被称为数量。

2. 向量的相关概念

（1）向量的几何表示：常用有向线段来表示向量。如图2：记作向量$\overrightarrow{AB}$。

（2）向量的长度（或模）：向量$\overrightarrow{AB}$的

图2 向量示意图

[①] 人民教育出版社课程教材研究所、中学数学课程教材研究开发中心编著：《普通高中课程标准实验教科书数学4必修A》，北京，人民教育出版社，2007。

大小，记作：$|\overrightarrow{AB}|$。

(3) 零向量：长度为0的向量，记作0。

(4) 单位向量：长度为1个单位向量。

(二) 向量工具的实际应用

教师：老师这里有一张中国地图。我国是一个多民族国家，除了汉族之外，还有55个少数民族，少数民族的人口分布是怎样的呢？咱们今天借助向量工具来了解一下。

先以高山族为例，高山族主要分布在台湾和福建两省，现在我们在地图上标出台湾的A地和福建的B地，你能通过比例尺算出AB两地的实际距离吗？

【学生活动】

先用尺子在地图上量出向量$\overrightarrow{AB}$的长度，再根据比例尺进行换算，需要注意单位换算。

教师：俄罗斯族主要分布在新疆和黑龙江两省，你能给出CD两地的实际距离吗？（注：教师在地图上标出新疆的C地和黑龙江的D地）

【学生活动】

方法同上。

教师：下面，我们来看一下我国少数民族分布简表，你能自己选择一些少数民族分布来设计一些问题给同学们去解答吗？

【学生活动】

分小组进行讨论。每个同学选择一个少数民族分布地区，在地图上画出几点位置，让本组其他同学根据他所标的位置，算出两地距离。

教师：我国是统一的社会主义多民族国家，除汉族外，有55个少数民族，占全国总人口的6.6%，分布在占我国国土总面积50%~60%的土地上。各少数民族在我国的分布可见表3。

表3 中国少数民族分布的主要地区

民族名称	主要分布地区
蒙古族	内蒙古，辽宁，新疆，吉林，黑龙江，河北
回族	宁夏，甘肃，河南，新疆，青海，云南，河北，山东，安徽，辽宁，北京，内蒙古，黑龙江，天津，吉林，陕西，贵州，江苏，四川
藏族	西藏，四川，青海，甘肃，云南
维吾尔族	新疆
苗族	贵州，云南，湖南，广西，重庆，四川，湖北
彝族	四川，云南，贵州
壮族	广西，云南，广东
布依族	贵州
朝鲜族	吉林，黑龙江，辽宁
满族	辽宁，吉林，黑龙江，河北，北京市，内蒙古
侗族	贵州，湖南，广西
瑶族	广西，湖南，云南，广东
土族	青海，甘肃
白族	云南，贵州，湖南
土家族	湖南，湖北，重庆，贵州
哈尼族	云南
哈萨克族	新疆
傣族	云南
黎族	海南
傈僳族	云南，四川
佤族	云南
畲族	福建，浙江，江西，广东
高山族	台湾，福建
拉祜族	云南
水族	贵州，广西
东乡族	甘肃，新疆
纳西族	云南
景颇族	云南

(教师) 笔记

续表

民族名称	主要分布地区
柯尔克孜族	新疆
达斡尔族	内蒙古，黑龙江
仫佬族	广西
羌族	四川
布朗族	云南
撒拉族	青海
毛南族	广西
仡佬族	贵州
锡伯族	新疆，辽宁
阿昌族	云南
普米族	云南
塔吉克族	新疆
怒族	云南
乌孜别克族	新疆
土族	青海，甘肃
俄罗斯族	新疆，黑龙江
鄂温克族	内蒙古
德昂族	云南
保安族	甘肃
裕固族	甘肃
京族	广西
塔塔尔族	新疆
独龙族	云南
鄂伦春族	内蒙古，黑龙江
赫哲族	黑龙江
门巴族	西藏
珞巴族	西藏
基诺族	云南

资料来源：2000年中国民族统计年鉴。

五、教学反思

本节课的教学，课堂上设计了让学生自己去查找感兴趣的少数民族分布，并利用向量知识去大概了解一下同一少数民族不同分布地区的相对位置。运用实际背景去学习数学知识，充分调动了学生的学习热情。而对于少数民族分布的了解，让学生们进一步加深了对少数民族的认识。同时，少数民族的分布情况还能引发学生更深层次的思考，去探寻少数民族地区经济发展缓慢的现状及成因，了解团结各民族共同富裕的意义。

六、教学资源

（1）《中国民族统计年鉴》，北京，民族出版社，2000。

（2）http：//www.e56.com.cn/

第三节　解三角形应用举例

一、教材中的知识点[①]

本节知识点位于：高中课程标准实验教科书，高一年级数学必修5，第一章《解三角形》，第二节《应用举例》，第12页。

二、民族团结教育的切入点

了解藏区人民对于雪山的信仰，尊重和弘扬民族传统文化。

三、教学目标

（1）结合所学解三角形知识，探索测量神山海拔高度的方法。

（2）培养学生解决实际问题的能力。

（3）增强学生学习少数民族传统文化的意识，尊重并弘扬民族传统文化。

---

① 人民教育出版社课程教材研究所、中学数学课程教材研究开发中心编著：《普通高中课程标准实验教科书数学5必修A》，北京，人民教育出版社，2007。

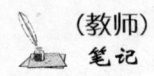

四、教学设计

(一) 问题提出

正弦定理和余弦定理在实际测量中有许多应用,本课主要研究它们在测量高度问题中的一些应用。中国大地上有很多有名的高山,这些山的高度是如何测量出来的呢?今天我们就来研究测量山高的方法。

(二) 引言

我们知道,世界第一高峰——珠穆朗玛峰在我国境内,它的最新高度是我国登山队于2005年测得的8 844.43米。

说到珠穆朗玛峰,我们借此机会了解一下藏族人民的风俗习惯。

藏族人民认为山是"圣洁之地",因此,自古以来,藏族人民就有对于山的崇拜传统。在藏族人民心中有四大山神,它们是:东方的雅拉香波、南方的库拉卡日、西方的诺吉康娃桑布、北方的念青唐古拉。

本课中我们主要了解一下我国藏区三大山脉,即喜马拉雅山山脉、岗底斯山山脉和念青唐古拉山脉。

1. 喜马拉雅山

喜马拉雅山,在藏语里意为"古老而陡峭的山峦"。喜马拉雅山主要分布在我国西藏和巴基斯坦、印度、尼泊尔、锡金、不丹境内,东西长约2450千米,南北宽约200~250千米。喜马拉雅山平均海拔6000米以上,其中超过7000米的高峰就有50多座,8000米以上的山峰11座,其主峰珠穆朗玛峰更是以海拔8844.43米的高度位列世界高峰之首,千百年来吸引着无数登山者去攀登。在藏语里,"珠穆朗玛"意为"圣母"或"大地之母",珠穆朗玛峰是藏族人民崇敬的一座神山。

2. 冈底斯山

冈底斯山,藏语意为"众水之源",又名"凯拉斯",即雪山。其主峰为海拔6656米的岗仁波钦,位于普兰县的门土乡,是藏族人民心目中的"神灵之山"。每年的藏历四月十五日,藏族人民都会在冈仁波钦举行竖经旗的宗教仪式。

冈仁波钦神山在多种宗教中拥有神圣的地位,每年都会有大批的虔诚信徒不远万里来冈仁波钦神山朝圣、转山。

3. 念青唐古拉

念青唐古拉，藏语意为"大亲眷光明之神"，也有"高原上的山"之意。念青唐古拉山西起藏北当雄，东至昌都八宿，平均海拔5800～6000米，主峰高达7117米。

（三）模型化例题

勘探队员朝神山冈仁波钦行进，在前后两处观察山顶的仰角分别是 α 和 β，两个观察点之间的距离是 d，求此山高度。

作草图如下：

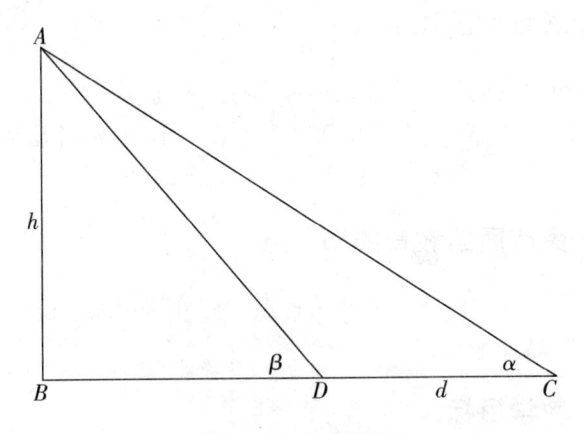

图3　冈仁波钦测量草图

设冈仁波钦山高为 h，则由已知可得：$\angle DAC = \beta - \alpha$，在 $\triangle ADC$ 中，由正弦定理，得 $AD = \dfrac{d\sin\alpha}{\sin(\beta-\alpha)}$，所以在 Rt $\triangle ABD$ 中，$h = AB = AD\sin\beta = \dfrac{d\sin\alpha\sin\beta}{\sin(\beta-\alpha)}$。

五、教学反思

（1）西藏在学生们眼中是一片神奇的土地，藏族人民的信仰和传统习惯虽然每个学生都可以说出来一些，但是学生们还是很有兴趣去了解藏族人民对于山的崇敬。另外，"珠穆朗玛峰"这个名字耳熟能详，可是同学们极少能说出它的名字的来历，本节课学生们的收获肯定不止是数学上的。

（2）数学课堂中如果只是照本宣科，学生们会觉得枯燥乏味，缺少探索的热情，也没有学习的动力。本节课的教学实践，对问题

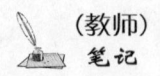

的背景稍作改动，联系一些文化、民族、地理、历史等知识，学生们的兴趣就立刻被调动起来了。老师介绍知识的时候学生们听得津津有味，思考问题的时候学生们也能够全身心地投入。激发学生的热情，让学生们对知识有一种渴望，这才是我们教育者应该做的。

六、教学资源

(1) 杨辉麟：《西藏的民俗》，西宁，青海人民出版社，2008。

第四节　空间几何体

一、教材中的知识点[①]

本节知识点见于：普通高中课程标准实验教科书，高一年级数学必修2，第一章《空间几何体》，第一节《空间几何体》，第2页。

二、民族团结教育的切入点

了解我国少数民族典型建筑特点，充分认识到这是我国少数民族智慧的结晶。

三、教学目标

学会观察空间组合体的结构特征，了解我国少数民族典型建筑特点，并利用所学知识研究分析其空间结构构成。

四、教学设计

（一）引言

"横看成岭侧看成峰"，这说明从不同的角度看同一物体，视觉的效果可能不同，要比较真实地反映出物体，我们需要从多角度观看物体，这堂课我们主要学习空间几何体的三视图。

（二）简单空间几何体和简单组合体

(1) 介绍简单空间几何体，并学会画它们的三视图。由于学生

[①] 人民教育出版社课程教材研究所、中学数学课程教材研究开发中心编著：《普通高中课程标准实验教科书数学2必修A》，北京，人民教育出版社，2007。

有初中三视图的基础，此处给出圆柱、圆锥，让学生边复习边画出它们的三视图，教师进行纠正和总结即可。

（2）给出简单组合体概念，并让学生分析一些简单组合体的构成，如矿泉水瓶、杠铃等。

（三）概念运用

我们知道，建筑与几何有着密不可分的联系，在历史上，有很多建筑大师都是精通数学的，尤其是几何学。我国是一个多民族国家，各少数民族的建筑也是各具特色。下面，我们就利用今天所学的数学知识去认识并分析一些典型的少数民族建筑。

教师：你知道蒙古族的典型建筑是什么吗？能描述一下它吗？请你画出它的三视图。

学生：蒙古族的典型建筑是蒙古包，它由一个圆锥和一个圆柱构成。它的三视图如下：

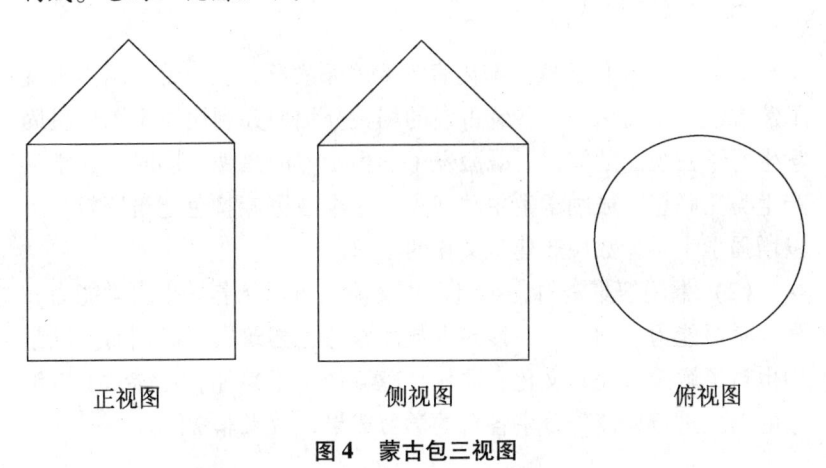

正视图　　　　　侧视图　　　　　俯视图

图4　蒙古包三视图

1. 蒙古包介绍

（1）名称由来

"蒙古包"是对蒙古族牧民住房的称呼。"包"，满语是"家"、"屋"的意思。

（2）结构

蒙古包的圆形尖顶，是用羊毛毡子覆盖的。圆形尖顶在大风雪中阻力小，不积雪，包顶不存雨水。蒙古包包门方而小，连接地面，这样寒气不易侵入。

由于蒙古族是传统游牧民族，所以他们的住房需要拆装容易，搬迁简便。而蒙古包就具有这样的优点，一顶蒙古包只需要2~3个小时就可以搭盖起来。

蒙古包看起来外形不大，但是屋内的使用面积却很大，我们知道，在长一定的条件下，围成圆形可以使屋内面积最大，所以说，蒙古包中处处体现了蒙古族人民的智慧。

2. 小组交流

请你搜集一些少数民族建筑图片，试着分析其结构特征，并画出三视图。（此处活动也可以安排在课前，让学生通过上网搜集一些少数民族典型建筑图片，在课堂上进行展示，并由学生进行相关知识的介绍。）

少数民族典型建筑提示：蒙古包、傣族竹楼、哈尼族蘑菇房、藏族的布达拉宫、壮族的吊脚楼、彝族的土掌房、纳西族的丽江古城、仡佬族的石板房、瑶族的歇山顶茅屋、侗族的鼓楼、布依族的凉亭和歌台。

五、教学反思

（1）简单几何体这一节内容需要联系实际，教材练习当中出现了蒙古包，由此引入一些蒙古包的相关介绍，并利用这个图形巩固学生所学三视图的知识，既激发了学生学习的兴趣，同时又让学生产生类比联想。鼓励学生主动搜集一些少数民族特色建筑资料，可以增强学生对少数民族建筑文化的学习。

（2）上网搜集资料，小组合作交流，可以培养学生自学能力和合作学习能力。同时，在搜寻少数民族特色建筑资料的同时，同学们也对了解少数民族文化、居住环境等产生了兴趣。在课堂上以汇报的形式进行交流，分享各自的学习成果，效果非常好。

六、教学资源

（1）http：//www.e56.com.cn/

第二章　高二年级

第一节　算法案例

一、教材中的知识点[①]

本节知识点见于：普通高中课程标准实验教科书，高二年级数学必修3，第一章《算法初步》，第三节《算法案例之进位制》，第40页。

二、民族团结教育的切入点

了解少数民族数学发展历史，了解进位制在少数民族数学历史中的演变。

三、教学目标

（1）了解各种进位制与十进制之间转换的规律，会利用各种进位制与十进制之间的联系进行进位制之间的转换。

（2）学习各种进位制转换成十进制的计算方法，研究十进制转换为各种进位制的除k取余法，并理解其中的数学规律。

（3）领悟十进制、二进制的特点，了解计算机的电路与二进制的联系，进一步认识计算机与数学的联系。

（4）了解少数民族数学发展历史。

[①] 人民教育出版社课程教材研究所、中学数学课程教材研究开发中心编著：《普通高中课程标准实验教科书数学3必修A》，北京，人民教育出版社，2007。

四、教学设计

(一)创设情景,揭示课题

我们常见的数字都是十进制的,但是并不是生活中的每一种数字都是十进制的,比如时间和角度的单位用六十进制,电子计算机用的是二进制。那么什么是进位制?不同的进位制之间又有什么联系呢?

(二)研探新知

进位制是一种记数方式,用有限的数字在不同的位置表示不同的数值。可使用数字符号的个数称为基数,基数为 n,即可称 n 进位制,简称 n 进制。现在最常用的是十进制,通常使用 10 个阿拉伯数字 0~9 进行记数。

进位制是数学研究的基础。古印度人发明了今天称为阿拉伯数字的数字符号和十进制。而实际上,从中国古代甲骨文来推测,中国是使用十进制最早的国家。古埃及人民也是采用十进制进行计算的。古巴比伦人则引入了 60 进制。

从我们对藏族、西夏党项羌人和女真人的数词解释研究中发现,这些少数民族所用的进制也是十进制。

藏族生活在中国西南部,文化历史悠久独特,西藏数学为十进位制,而在天文上则根据实际情况采用其他进位制,和汉族地区一致。

对于任何一个数,我们可以用不同的进位制来表示。比如:十进数 57,可以用二进制表示为 111001,也可以用八进制表示为 71、用十六进制表示为 39,它们所代表的数值都是一样的。

表示各种进位制数一般在数字右下脚加注来表示,如 $111001_{(2)}$ 表示二进制数,$34_{(5)}$ 表示 5 进制数。

电子计算机一般都使用二进制,下面我们来进行二进制与十进制之间的转化。

例 1 把二进制数 $110011_{(2)}$ 化为十进制数。

解:$110011 = 1 \times 2^5 + 1 \times 2^4 + 0 \times 2^3 + 0 \times 2^2 + 1 \times 2^1 + 1 \times 2^0$

$= 32 + 16 + 2 + 1$

$= 51$

例2 把89化为二进制数。

解：根据二进制数满二进一的原则，可以用2连续去除89或所得商，然后取余数。

具体的计算方法如下：

$89 = 2 \times 44 + 1$

$44 = 2 \times 22 + 0$

$22 = 2 \times 11 + 0$

$11 = 2 \times 5 + 1$

$5 = 2 \times 2 + 1$

所以：$89 = 2 \times (2 \times (2 \times (2 \times (2 \times 2 + 1) + 1) + 0) + 0) + 1$

$= 1 \times 2^6 + 0 \times 2^5 + 1 \times 2^4 + 1 \times 2^3 + 0 \times 2^2 + 0 \times 2^1 + 1 \times 2^0$

$= 1011001_{(2)}$

这种算法叫做除2取余法。

上述方法也可以推广为把十进制化为k进制数的算法，这种算法成为除k取余法。

五、教学反思

进位制的学习有利于学生了解古代数学文化。从学生司空见惯的知识入手，让他们了解原来在现在很显然的一些基础知识也是我国各族人民历史文化不断积累的结果。

六、教学资源

（1）吴文俊：《中国数学史大系》第6卷，北京，北京师范大学出版社，1999。

（2）薛有才：《数学文化》，北京，机械工业出版社，2010。

第二节 定积分的概念

一、教材中的知识点[①]

本节知识点见于：普通高中课程标准实验教科书，高二年级数学选修2-2，第一章第五节《定积分的概念》，第38页。

---

① 人民教育出版社课程教材研究所、中学数学课程教材研究开发中心编著：《普通高中课程标准实验教科书数学选修2-2 A版》，北京，人民教育出版社，2007。

二、民族团结教育的切入点

了解我国少数民族数学家在数学史中的贡献。

三、教学目标

（1）使学生了解定积分的概念，体会分割、极限思想。

（2）使学生认识到分割、极限思想在我国古代科学文化史上就有所体现，从而激发学生的民族自豪感。

四、教学设计

（一）引入

如何求曲边梯形的面积？可以由该问题引入，介绍圆周率的得出，体会分割、极限思想。

在战国时期我国就已经出现了朴素的初步极限思想，如"一尺之棰，日取其半，万世不竭。"

魏末晋初的刘徽创造了割圆术，已经有了初步的极限思想，并首次推算得圆周率为157/50和3927/1250。后来祖冲之在刘徽割圆术的基础上，算出圆内接正6144边形和正12288边形的面积，从而得到了圆周率在3.1415926~3.1415927之间。

说到圆周率，还不得不提到一位清代蒙古族数学家明安图。

（二）明安图简介

课前让学生搜集明安图的相关资料，了解其在数学史上的地位，课堂上请同学们介绍明安图相关事迹。

1. 生平

明安图，字静庵，蒙古族。他的生卒年不能准确确定。据推测，他生于康熙三十一年（1692年）前后，卒于乾隆三十年（1765年）。

2. 主要工作

明安图自幼学习数学，据他的学生陈际新追述，他自童年就学习数学，18岁左右入选国家的天文历法机构——钦天监，专门学习天文历法和数学。初任钦天监时宪科五官正，后升任钦天监监正，执掌钦天监工作。他长期从事天文历法工作，在这个岗位上一干就是50年，始终忠于职守，做出了很多成就，直到去世。

在数学方面，他被认为是我国清代最卓越的数学家之一，是我国古代数学家当中少有的杰出少数民族数学家。那么明安图有哪些数学成就呢？

明安图在中国数学史上奠定了无穷级数运算的基础，建立了无穷级数的加、减、乘运算等，首次提出并应用了卡塔兰数①。不仅如此，他还创立了一种用含卡塔兰数的级数无穷逼近平方根的算法。另外，他的高位数字计算才能非常优秀，在他的著作当中，很多高位计算都达到了非常精准的地步。在他那个年代，所有这些计算都是依靠纸笔完成，这种计算能力是现代人所无法比拟的。

明安图以中国传统的数学，结合西方数学的成果，论证了三角函数幂级数展开式和圆周率的无穷级数表示式等九个公式，成功地解析了九个求圆周率的公式，这些成就都体现在他未完成的书稿——《割圆密率捷法》一书当中，这本书由他的学生和儿子补充整理编写而成。他的教学方法享誉清代数学界，在我国数学史上也占有重要地位。

（三）新课讲授（略）

五、教学反思

我国古代数学家和数学成就辉煌，但是少数民族数学家凤毛麟角，明安图是少有的杰出少数民族数学家的代表，而他的研究无论是无穷级数，还是圆周率的计算，都充分体现极限思想，所以在本节定积分概念课的起始，重点介绍了明安图和他的数学成就。这部分知识是学生们在历史课上没有学到的，也是数学史当中易被忽略的内容。学生们课前搜寻资料，并到课堂上讲解交流。这一过程，了解了少数民族人文科学文化，增强了对少数民族数学家的认识。

六、教学资源

（1）薛有才：《数学文化》，北京，机械工业出版社，2010。

（2）吴文俊：《中国数学史大系》第七卷，北京，北京师范大学出版社，1999。

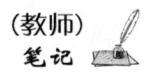

---

① 卡塔兰数：1，1，2，5，14，42，132，……

第三节 排 列

一、教材中的知识点[①]

本节知识点见于：普通高中课程标准实验教科书，高二年级数学选修2-3，第一章《计数原理》，第二节《排列与组合》，第14页。

二、民族团结教育的切入点

了解新疆内高班[②]情况及介绍少数民族风俗。

三、教学目标

（1）掌握排列的定义及排列问题的处理方法，能够用排列思想解决实际应用问题。

（2）了解内地新疆班的一些开展情况及古尔邦节风俗。

四、教学设计

（一）概念引入

例1 有三名内高班同学，分别为维吾尔族、哈萨克族和回族，从中选出2名同学参加一项活动，其中1名同学参加上午的活动，另一名同学参加下午的活动，有多少种不同选法？

分析：利用分步计数原理，第一步，选择一名同学参加上午的活动，共有3种选法；第二步，从剩下两名同学中选择一名参加下午的活动，共有2种选法，总共有：$3 \times 2 = 6$种选法。

抽象：从3个不同元素a、b、c中任取2个，然后按一定顺序排成一列，一共有多少种不同的排列方法？

所有不同排列为：ab、ac、ba、bc、ca、cb，共$3 \times 2 = 6$种排

[①] 人民教育出版社课程教材研究所、中学数学课程教材研究开发中心编著：《普通高中课程标准实验教科书数学选修2-3 A版》，北京，人民教育出版社，2009。

[②] 即内地新疆高中班。为推动新疆当地基础教育的发展，按照党中央、国务院的要求，从2000年内地一些发达城市的中学陆续开办了内地新疆高中班。开办内地新疆高中班的学校有：北京潞河中学、北京市和平街一中、天津市五中、天津微山路中学、上海大学附属中学、上海市七宝中学、杭州师范学院附属高级中学、青岛高科园二中、青岛第六十六中学以及宁波中学、苏州一中等。

列方法。

例2 从1、2、3、4四个数中,每次取出3个排成一个三位数,共可得到多少个不同的三位数?

分析:由分步计数原理。同例1解答,可得到共有:$4 \times 3 \times 2 = 24$个不同的三位数。

抽象:从4个不同元素a、b、c、d中任取3个,然后按一定顺序排成一列,一共有多少种不同的排列方法?

共有:$4 \times 3 \times 2 = 24$种不同的排列方法。将此种情况一般化,我们就得到了排列的概念。

排列就是从n个不同元素中取出m(m≤n)个元素,然后按照一定顺序排成一列,叫做从n个不同元素中取出m个元素的一个排列。排列数就是从n个不同元素中取出m个元素的排列总数,记作:A_n^m。

公式:$A_n^m = n \cdot (n-1) \cdots (n-m+1) = \dfrac{n!}{(n-m)!}$

(二) 知识应用

例3 内高班同学每年只能在暑假回一次家,所以内高班同学的寒假生活是在校园里度过的。虽然远离家乡,但是他们在寒假会有着丰富多彩的课外生活。今年寒假期间,学校为内高班同学安排了4部电影,请问你这4部电影共有多少种不同的放映顺序?

学生思考并回答:4部电影的不同放映顺序是一个排列问题,所以共有:$A_4^4 = 4! = 24$种不同的放映顺序。

例4 古尔邦节是我国回、维吾尔、哈萨克、乌孜别克、塔吉克、塔塔尔、柯尔克孜、撒拉、东乡、保安等少数民族共同的盛大节日,它是伊斯兰教的三大节日之一,相当于汉族人民的传统节日——春节。内高班同学每年在学校都要举行盛大的古尔邦节晚会,而晚会的整个过程都由同学们自己去筹划准备。今年的古尔邦节晚会共准备了11个节目。

(1) 如果你是学生会成员,需要安排一下这11个节目的出场顺序,你有多少种不同的排法?(只列式不计算)

(2) 这11个节目当中,有3个相声节目,4个歌曲节目,4个舞蹈节目,如果相声节目不能排在第一个,有多少种安排方法?(只列式不计算)

分析:① $A_{11}^{11} = 11!$

②第一个节目不能是相声，所以有 A_8^1 种排法，后面的 10 个节目可以随便排列，共有 A_{10}^{10} 种排法，所以一共有：$A_8^1 \cdot A_{10}^{10}$ 种排法。

五、教学反思

（1）由于北京市通州区潞河中学是承办内地新疆高中班的首批学校之一，其办班历史已经有 10 年了。本校教师多在平时的课堂教学上注意结合新疆同学的民族特点设计题目背景，以吸引新疆同学学习数学，同时让本地学生更加了解新疆同学的风俗习惯和日常生活，在班级内形成一种融洽的氛围，本节课便体现这一想法。

（2）课堂上以数学知识的传授为主，但是故事背景采用了与内高班同学的生活息息相关的一些事情，这极大地吸引了内高班同学的参与。上课的时候，班里的少数民族同学有着很大地投入感，思考问题和回答问题也异常地积极。

第四节　相似三角形

一、教材中的知识点[①]

本节知识点见于：普通高中课程标准实验教科书，高二年级数学选修 4-1，第一讲《相似三角形判定及有关性质》，第 10 页。

二、民族团结教育的切入点

了解我国少数民族数学家及数学爱好者在数学史中的贡献。

三、教学目标

（1）采取我国古代数学家研究几何使用的"寓理于算"和综合推理的方法，学习相似形的相关性质。

（2）介绍我国古代数学思想以及《几何原本》，从而体会数学的魅力。

（3）了解我国少数民族数学家在推广数学方面所做的工作。

---

① 人民教育出版社课程教材研究所、中学数学课程教材研究开发中心编著：《普通高中课程标准实验教科书数学选修 4-1 A 版》，北京，人民教育出版社，2005。

四、教学设计

（一）引言

1. 元宪宗皇帝蒙哥与《几何原本》

几何学是一门古老的学科，这方面古希腊几何学家做出了杰出的贡献，这主要反映在欧几里得的《几何原本》上。这部著作，在人类历史上第一次给出了几何学严格的逻辑叙述，在长达两千多年时间中，该书一直是学习几何学的唯一指南。

中国古代数学家在几何学方面也有关极其辉煌的成就，如祖暅原理等。

说到《几何原本》，大家知道中国学习《几何原本》第一人是谁吗？

据《元史》记载，蒙哥是我国第一个研究世界数学巨著《几何原本》的人。蒙哥即是元代的宪宗皇帝，生于1208年，他是成吉思汗的幼子拖雷的长子。

蒙哥自幼聪明睿智，热爱学习新知识，乐于吸收不同文化知识，取长补短，同时他治学严谨，也十分重视文化知识的发展和传播。蒙哥曾举兵征伐西域，遇到当时西域的天文学家纳连剌丁·德思，由于敬重纳连剌丁·德思的学识，他特意请纳连剌丁·德思到中国来传播西方的天文学知识。

2. 康熙帝与数学

中国历史上，与数学最密切的君王首推康熙帝。他本人酷爱数学，进行过认真的数学学习和研究。1712年，他下诏编纂大型乐律天算丛书《律历渊源》100卷。其中《数理精蕴》53卷，是专论数学的。

康熙帝认为：第一，数学与哲学有着密切的联系。这其实和西方数学观点不谋而合，很多西方数学家都同时是哲学家；第二，数学理论应该与实际应用相结合，正所谓"学以致用"；第三，数学理论的客观性和推理具有严密性。相信这一点，在我们的学习当中，同学们也是深有体会；第四，数学是不断发展和完善的；第五，三角形是几何学中最基本和最有实用价值的图形；第六，形数结合的数学研究方法非常重要。

下面再简要介绍一下《数理精蕴》。

《数理精蕴》是康熙年间编写的"初等数学全书"，基本内容是西方著作的编译作品。编纂这部书共花了9年时间。

《数理精蕴》全书共53卷，分三大部分：上编5卷、下编40卷、附录数学用表4种共8卷。上编主要讲全书的基本理论；下编主要运用上编的理论和定理，展开全书的主要篇章的论述；数学用表是供计算使用的。在附录中，卷一、二，给出0～45度每隔10度角的正弦、余弦、正切、余切、正割、余割函数值；卷三、四，给出10万以内自然数表，其中包括素数与合数；卷五、卷六给出10万之内每差一个单位的各数常用对数；卷七、卷八给出0～90度每隔10度角的正弦余弦、正切余切函数对数，以备三角函数运算时利用对数计算，方法简捷。

原来我们初高中阶段所学的三角函数、对数在古代人们就有了很深入的研究，而且被没有计算机的前人们只用笔和纸就计算到如此精确的地步，真是让现代人无比佩服。

（二）新课讲授

（略）

（三）课后探索

了解《几何原本》，及中国古代数学家在几何证明方面的辉煌成就。

五、教学反思

学生们在历史课中学习古代帝王相关知识，了解的大都是他们的治国之道，而对于他们学习文化科学知识方面的了解却十分欠缺，本节课借研究几何，引出《几何原本》，从而给学生们介绍了我国古代两位大人物——蒙哥和康熙，介绍了他们在数学方面的一些成就和贡献，学生们都表现出超乎寻常的兴趣。同时，他们的事迹也激发出学生学习各种知识的热情，引导学生全面发展。

六、教学资源

（1）吴文俊：《中国数学史大系》，第七卷，北京，北京师范大学出版社，1999。

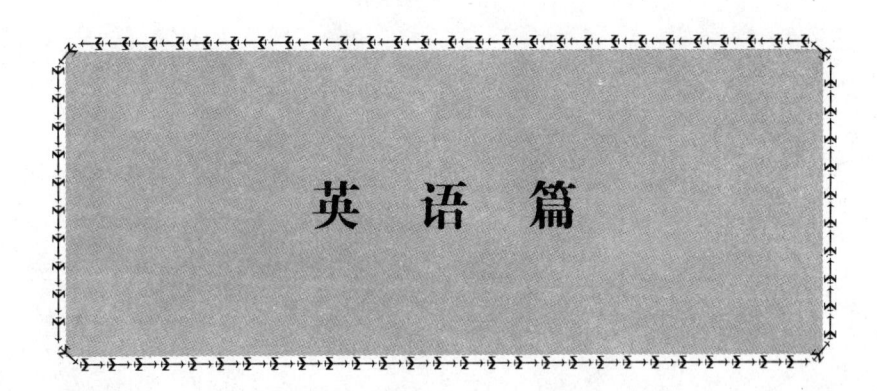

英语篇

第一章 高一年级

第一节 Travel Journal

一、教材中的知识点[①]

本节知识点见于：普通高中课程标准实验教科书，高一年级英语第一模块，第3单元 Travel Journal 中阅读文章"Journey down the Mekong"，必修课，第18页。

二、民族团结教育的切入点

本单元阅读文章"Journey down the Mekong"讲述了主人公骑车沿湄公河顺流而下的所见所闻。湄公河发源于中国青海省，在中国境内名为澜沧江，流经青海、西藏、云南三省。流出国境后称湄公河，为缅甸、老挝的界河。澜沧江的一大特征是它是中国各河流域中少数民族分布最多地区，有傣、白、纳西、回、藏、傈僳、拉祜、哈尼族等20余个民族，各民族一衣带水，相互依存。

三、教学目标

（1）学生能了解并准确地说出中国各少数民族的英文名称。

（2）学生能够从地图上找到澜沧江流域分布的少数民族，并了解澜沧江流域在中国各河流域中是少数民族数量最多的。

（3）学生能够通过对澜沧江流域各民族一衣带水的情况的了

[①] 人民教育出版社课程教材研究所、中学英语课程教材研究开发中心编著：《普通高中课程标准实验教科书英语1必修》，北京，人民教育出版社，2007。

解，增强其民族团结意识和爱国意识。

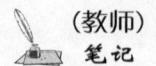

四、教学设计

（一）导入

从阅读文章中提到的有关湄公河源头的一句话，引导学生们回忆自己了解的地理知识。初步了解湄公河起源于唐古拉山，在中国境内部分名为澜沧江。为下一步做好准备。

（二）课堂教学

T：Boys and girls, I'd like to have your attention. We have known that the Mekong River has its source in China. Then, do you know where it starts?

Ss：Qinghai.

T：Good. It starts from Qinghai province in China. The passage says that "it begins in a glacier on a Tibetan mountain", can anyone of you tell us which mountain it is?

S_1：Tanggula Mountain?

T：A nice try! In fact, there are quite a few versions about the source of the Mekong River. One widely-accepted belief is that it starts from Tanggula Mountain. So the Mekong River starts from China, but does it have the same name in China?

Ss：No.

T：Then what is it called?

Ss：The Lancang River.

T：Exactly. Next, let's find more information about the section of the River within China's border.

教师展示中国少数民族分布图，首先带领学生共同在图上观察澜沧江的源头及流向，认知地图上各少数民族的图例并指导学生正确地说出各少数民族的英文名称。然后教师告知学生澜沧江流域的一大特征是：在中国各河流域中，澜沧江流域分布的少数民族最多，激发学生们在地图上查找澜沧江流域都有哪些少数民族的兴趣。最后教师启发学生认识到这些少数民族和汉族共饮澜沧江水，相互依存，联系紧密。

T：Please look at this map. Firstly, let's go upstream to find out the source of the River. Have you found it?

(The map "The Distribution of Chinese Ethnic Minorities" is shown on the screen.)

Ss: Yes. The Zhaqu River.

T: Great! This map shows that the source of the Mekong River is the Zhaqu River. In Qinghai province, right?

Ss: Yes.

T: The Zhaqu River just flows out of the Tanggula Mountain. Now, can you tell me which provinces the River flows through in China?

Ss: Qinghai, Tibet, Yunnan.

T: Good. The River flows through these three provinces in China. When it leaves China, it changes its name to the Mekong. OK, now, I'd like you to look at the map again. This map is about the distribution of Chinese ethnic minorities. How many ethnic minorities are there in China?

Ss: 55.

T: Yes. Now, please pay attention to the description of the legends (图例) in the map. Different legends refer to different ethnic minorities. Do you know how to say these ethnic minorities in English? Let's have a try!

(T and Ss speak out the English names of the ethnic minorities.)

T: OK, Now, we have got familiar with the English names of the 55 ethnic minorities. I hope you can memorize all of them. Let's come back to the Lancang River. It is said that there are over 20 ethnic minorities living along the Lancang River. This is a very special characteristic of the Lancang River. So, let's have a try to see whether we can find out these many ethnic minorities in the map. First, in Qinghai, What are the ethnic minorities living along the Lancang River?

Ss: Tibetan.

T: In Tibet, the same, yes?

Ss: Yes.

T: When it enters Yunnan, be more careful, what are the ethnic minorities? Let's find them out together.

T & Ss: Nu, Lisu, Primi, Yi, Bai, Tujia, Hui, Naxi, Lahu, Hani, Jino, Russians, Dong, Blang, Va, Dai, Maonan.

(教师)笔记

T: OK. Well done! The ethnic minorities we have observed can easily be located on the map, but some others along the river may not be so evident. Apart from these ethnic minorities, there are also people of Han nationality. Why are there so many nationalities living along the Lancang River?

S₂: Because water is the source of life. People tend to settle down along rivers.

T: Yes. Wonderful! The Lancang River is the longest river that travels north to south in China. Many nationalities gradually settle down nearby. They all live on this river. In this sense, we can say they are closely connected. Do you agree?

Ss: Yes.

五、教学反思

（1）这一教学环节旨在让学生们通过对澜沧江流域众多少数民族聚居的认识理解中国各民族互相依存的事实，从而增强其民族团结意识和爱国意识。

（2）通过本环节，学生了解了中国各少数民族的英文名称，有助于他们在今后的学习中用英语讨论少数民族的相关话题。

（3）教学中，在从地图上查找澜沧江流域的少数民族时，没有明确界定澜沧江流域的范围，可能在准确性上稍有欠缺。但考虑到主要目的是让学生意识到澜沧江流域各民族一衣带水的情况，应该没有大碍。

六、教学资源

http://www.chinaculture.org/gb/en_travel/2003-09/24/content_34164.htm

第二节 Music

一、教材中的知识点[①]

本节知识点见于：普通高中课程标准实验教科书，高一年级英

[①] 人民教育出版社课程教材研究所、英语课程教材研究开发中心编著：《普通高中课程标准实验教科书英语2 必修》，北京，人民教育出版社，2007。

语第二模块，第 5 单元 Music 中 Warming Up 部分，必修课，第 33 页。

二、民族团结教育的切入点

本单元的主题是音乐。在 Warming Up 部分涉及到几种音乐形式及其代表人物，其中包括藏族民歌歌唱家才旦卓玛。中国 55 个少数民族都有各自独具特色的音乐形式和风格，这些音乐形式和风格中传达了少数民族人民对待生活的思想、感情和态度。对具有少数民族特色的民歌和少数民族歌唱家的了解有助于我们更好地认识少数民族人民的生活和少数民族的文化，增强认同感。

三、教学目标

（1）学生能够用英语简要介绍中国著名的少数民族民歌歌唱家，包括藏族歌唱家才旦卓玛、维吾尔族歌唱家克里木、苗族歌唱家宋祖英等，并且从他们的代表作中体会不同少数民族的民歌风格。

（2）学生能够增强其对少数民族民歌的认同和喜爱，从中体会少数民族人民的生活和少数民族的文化，意识到少数民族艺术是祖国艺术宝库的重要组成部分。

四、教学设计

（一）导入

从本单元热身部分的一幅藏族民歌歌唱家才旦卓玛的图片引入，启发学生们去思考身边还有哪些少数民族民歌歌唱家。要求学生四人一个小组讨论他们知道的少数民族民歌歌唱家及其代表作，为小组展示做好准备。

例 1

T：Energone, now please look at the first picture in the "Warming Up" section. Who is this woman?

Ss：Caidanzhuoma.

T：Yes. Great! We all know that Caidanzhuoma is famous as a folk music singer. Can you tell me which ethnic group she belongs to?

Ss：Tibetan.

T：What are her representative songs?

Ss：《北京的金山上》、《东方红》、《唱支山歌给党听》。

T: Good! I guess you know many famous ethnic minority singers. So could you discuss in groups of four the ethnic minority singers you know who are famous as folk music singer? Attention, not as pop singer, but folk music singer. Each group should select one speaker to present the result of your discussion, including the name of the singers, which ethnic group he or she belongs to and what are his or her representative songs. Besides, think about whether you can sing one or two of the representative songs of the singer you know. You will have 3 minutes.

（二）小组展示讨论成果

各小组轮流展示自己的讨论成果。每组选一名代表说出自己小组讨论过的一个少数民族歌唱家及其代表作，并试着演唱几句。

例2

T: Non Now, it's group presentation time. The Requirements：Each group in turn shall report to us one singer your group talked about and sing a few words of the singer's representative songs. Repetition is unnecessary. OK. Let's begin!

Group1：Rouziamuti（肉孜阿木提），Uygur. His representative songs include "达坂城的姑娘" and "克拉马依之歌".

Group2：Dedema（德德玛），Mongolian. Representative songs are "美丽的草原我的家"，"草原夜色美" and "我从草原来".

Group3：Kelimu（克里木），Uygur. Representative songs are "塔里木河"，"掀起你的盖头来"，"阿凡提之歌".

Group4：Song Zuying（宋祖英），Miao. Her representative songs include "好日子"，"辣妹子" and "爱我中华".

Group5：……

（三）反馈与总结

教师根据小组展示成果进行反馈。引导学生关注不同少数民族民歌的不同风格，探讨这些民歌中反映出的少数民族人民的生活和少数民族文化，最后让学生们意识到少数民族艺术是中国艺术宝库中的重要组成部分。

例3

T: Congratnlatins, you all have done a good job! I'm greatly impressed by your singing. Now, let's think about the styles of the songs we have just mentioned. For example, the songs of Caidanzhuoma are generally...?

S_1: Passionate?

T: Good! Passionate, also sweet and sonorous. What about Dedema, the Mongolian singer?

S_2: Deep.

T: Yes. Deep, slow and melodious. The Uygur songs?

S_3: Cheerful.

T: Good! And what else?

S_4: Have lively rhythm.

T: Yes, that's true! And what about Song Zuying's songs?

S_5: Also cheerful.

T: Yes. Well done! So we can see the songs of different ethnic groups have their special flavors. And besides, I guess you have noticed that the lyrics of the songs also reflect the life of these ethnic groups, right? Who can give me an example?

S_6: For example, the songs of Dedema are generally about the grassland, which is very important in the Mongolians' life.

T: Good! Thank you. These songs, together with other musical forms, are an important part in the art treasure – house of our Country. We can entertain us by listening to and singing these songs, and also learn a lot from them about the ethnic groups' life and culture.

五、教学反思

（1）这一教学环节让学生们通过讨论来发现身边的少数民族民歌歌唱家。让学生试着演唱这些歌唱家的代表作，可以使学生进一步了解并欣赏少数民族民歌的风格和内容，从中领会少数民族人民的生活和少数民族文化，激发学生对少数民族音乐的喜爱，从而让学生认识到少数民族音乐在中国艺术宝库中的重要地位。

（2）学生知道的少数民族民歌歌唱家有限，会唱的少数民族民歌也有限，但关键在于让学生们了解到少数民族民歌的魅力和从中反映出来的少数民族人民的生活和少数民族的文化。教学时也可以提前准备一些少数民族民歌的音频文件，以更好的让学生来感受、欣赏。

六、教学资源

（1）*China's Ethnic Minorities*. Foreign Languages Press. 2005：8.

（2）*Leisure Highlights*. *Shenzhen Daily*. Thursday. November 22, 2007：14.

（3）http：//en. wikipedia. org/wiki/Song_ Zuying

第三节　Festivals around the World

一、教材中的知识点[①]

本节知识点见于：普通高中课程标准实验教科书，高一年级英语第三模块，第一单元 Festivals around the World 的 Reading 部分，必修课，第 1 页。

二、民族团结教育的切入点

本单元的主题是世界各地的节日。节日文化是一国、一地区或者一个群体文化的重要组成部分，彰显了该国、该地区或该群体的传统、信仰、风俗等。我国 56 个民族异彩纷呈而又相互关联的节日共同构成了中华民族多姿多彩的节日文化。

三、教学目标

（1）学生能用英语简单介绍自己民族的重要节日，了解其他少数民族的重要节日。

（2）学生能在课内外活动中积极用英语与同学交流，培养合作学习的精神。

（3）学生能体会少数民族节日中反映出的少数民族人民的传统、信仰、风俗等，感受中华民族多姿多彩的节日文化，增强民族自豪感。

[①] 人民教育出版社课程教材研究所、英语课程教材研究开发中心编著：《普通高中课程标准实验教科书英语 3 必修》，北京，人民教育出版社，2007。

四、教学设计

（一）课前准备

结合所教班级中的学生来自不同民族的特点，在课前要求同一少数民族的学生结成一个小组，每一组准备为大家介绍一个本民族的重要节日。规定每小组展示时间为5分钟，每小组可选派代表或以集体为单位介绍。

（二）导入

引导学生再次关注阅读文章中一幅有关藏族"望果节"的图片，回顾在阅读课时提到的这一少数民族节日的相关信息，然后过渡到对其他少数民族节日的介绍。

例1

T：Up to now, we have known some major festivals all over the world. Please turn to Page 1 and look at the picture of "Wangguo festival". Do you still remember who celebrate Wangguo festival and what Wangguo festival is celebrated for?

S_1：The Wangguo festival is celebrated by the Tibetans to express their wishes for a big harvest next year.

T：Yes, exactly! Well done! Then who can tell us the meaning of "Wangguo"?

S_2："Wang" means "field" and "guo" means "round". "Wangguo" means "making the rounds of the field".

T：Excellent! So what will people do based on the meaning of "Wangguo" during the Wangguo festival?

S_s：Make rounds in the field.

T：Good! The country men will make rounds in the field for several times. This is one of the major celebrations during Wangguo festival. People also do other things, of course. Who can give me some examples?

S_3：Get dressed in holiday best, visit relatives, go for a picnic lunch and also do some odd jobs like gathering firewood.

T：Wonderful! Next, as we planned, let's welcome the representatives of each ethnic minority in our class to give us a presentation of one major festival celebrated in their ethnic group.

（三）小组展示

班里不同民族以小组为单位向大家介绍本民族的一个重要节日。

例2　Mongolian Group：Nadam Fair（那达慕）

The festival we are going to introduce is Nadam Fair. The Nadam Fair is a traditional Mongolian festival celebrated in the 7th lunar month. Nadam, in Mongolian language, means recreation or games. It was first held by the Mongolians in the Han Dynasty. During the Nadam Fair, three activities are especially popular: horse racing, wrestling, and archery（射箭）, which are known as the "three men's events".

Mongolians grow up on horseback, so horses play an important part in our lives. Before the horse racing, an old man holds a silver bowl of fresh milk and a blue hada（哈达）high, and chants to bless the competitors. At the beginning of the race, the competitors stand in a row. Each wears a colorful belt and turban. During the race, the riders sit straight and rein in the horse to make it trot as fast as possible. Next, I will talk about wrestling. Wrestlers are required to wear a traditional costume which includes a sleeveless jacket made of leather or canvas（粗帆布）, a tricolored short skirt, a pair of embroidered breeches and high boots. Before the contest, wrestlers will dance and sing a song which says "Send over your brave men, your brave men!" The rules are when any part of the body above the knee touches the ground, the match is over and the person who touches the ground loses the contest. The wrestler who wins the first place gets a strip of colorful cloth pinned on his chest. Archery is another beloved sports activity. It provides a good chance for talented archers to show their skills.

Nadam is not only a sports meeting, but also a fair. People will wear their holiday best to attend the Fair from all over Inner Mongolia. Various kinds of merchandise（商品）, including fur-lined jackets, robes, leather boots and gold or silver ornaments are for sale.

例3　Uygur Group：Corban（古尔邦节）

We will introduce Corban. Corban is a festival celebrated by China's Muslims. There are ten Islamic ethnic minorities in China, the Hui, Uygur, Kazaks, Kirgiz, Tajik, Tatars, Uzbek, Dongxiang, Salar and

Bonan. So Corban is celebrated by all these ethnic groups. We celebrate Corban on the 10th day of December in the Islamic calendar. Corban is an Arabic word which means sacrifice or dedication. It is called the festival of butchering animals（宰牲）and is a day to slaughter animals as an offering.

Legend says that the Prophet Abraham, on a pilgrimage（朝圣）to Mecca, the holy site, received in his dream an order from Allah that he should offer his son Ishmael as a sacrifice. Abraham was well-known for his piety. He decided to do as he loas ordered. But at the very moment Abraham was to kill his son with a sword, Allah sent an angel, bringing him a sheep and telling him to sacrifice the sheep instead of his son.

As to the celebrations of the festival, on the eve of the festival, families clean their houses thoroughly and prepare various kinds of food. On the day of the festival, Muslims bathe, pray, watch the ceremonial sacrificing of animals, visit and greet their friends and relatives. Customs for celebrating Corban vary widely in different Islamic groups. Each group has their own distinctive way of celebrating.

例4　Kazak Group：Nauriz Festival（那吾肉孜节）

Our group will introduce the Nauriz festival. This festival was celebrated by the Kazaks before they started to believe in Islam. In the old calendar of the Kazaks, the vernal equinox（春分）of the first lunar month is seen as the beginning of a year. On this day, the length of day and night are generally equal. This day is taken as the replacement of the old by the new year. Nauriz, in Kazak language, means bidding farewell to the old and ushering the new.

To celebrate this festival, families will clean their houses, mend sheds and prepare food. The special Nauriz porridge contains rice, millet, flour, cheese, salt and meat. People will also eat the meat kept from last winter. On this day, the Kazaks will wear their colorful costumes to visit relatives or friends and wish each other a Happy New Year. They will eat Nauriz porridge and sing Nauriz song. The Kazaks have a fine tradition of respecting the old. So on this day, the Kazaks will offer the sheep head to the elders. When accepting the sheep head, the elders are expected to wish the family members safe and wish the livestock boom and grow healthily. The celebrations also include various entertainment and sports activities.

例5　Hui Group：Hari Raya（开斋节）

The Hari Raya, that is, Fast-breaking Day, is celebrated by our Hui people as well as the Uygur, the Kazak, the Tajik, The Uzbek, the Tatar, the Kirgiz, the Dongxiang, the Salar, the Bonan and other ethnic minorities. It is one of the three most important Islamic festivals. It is called Roza by the Uygur and Eid by the Hui people. It falls on the first day of the tenth month in Islamic calendar. The Fast-breaking Day is "Eid al-Fitr" in Arabic language. "Eid" means festival or holiday.

According to Islamic beliefs, the ninth month every year is fast month（斋月）. All healthy adult Muslims are required to fast for the whole month. This means no food, drink or sex is allowed from daybreak to sunset of each day in this month. Fast is meant to exercise Muslims' mind, will and body. If on the 29th day, a new moon is seen in the sky, then the next day is Fast-breaking day. If not, then another day is spent on fasting. After this day, people will celebrate the successful completion of a month's fast. The Islamic doctrine states that the following seven deeds on this Fast-breaking Day are appreciated: 1) having food immediately at daybreak, which represents fast-breaking; 2) cleaning teeth; 3) bathing; 4) lighting incense（点香）; 5) getting dressed in clean holiday best; 6) giving alms before the worship ceremony; 7) chanting softly the ode to the Lord. Then, Muslims will go to the mosques（清真寺） to attend the worship ceremony of Salat al Eid.

The Fast-breaking Day originated from the second year in Islamic chronology. From then on, Muslims all over the world participate in the festivities with enthusiasm and piety, but the celebrations vary from place to place. Some Muslims prepare holiday food and treat relatives and friends, others prefer to chant and pray, still others organize party to have fun.

（四）反馈和总结

教师对各小组的展示进行反馈，引导学生意识到少数民族节日反映了少数民族人民的信仰、传统和文化，是中国节日文化的重要组成部分。

例6

T: Thanks a lot for your presentation. You've done a good job. We know much better about the major festivals of your ethnic groups, yes? These festivals are fantastic, reflecting the beliefs, traditions and cultures of these ethnic minorities. There are as many as 55 ethnic minorities in China, they all have their special festivals. For example, we know the Dai nationality is famous for...?

Ss: Water splashing Festival.

T: Yes. These festivals are so attractive. If you are interested in or have any questions about the festivals, you can surf on the internet or go to our library to know about them, or, you can just talk with your classmates from ethnic minority groups after class.

五、教学反思

（1）这一教学环节以回顾有关课本中的本单元提到的藏族"望果节"开始，意在加深学生对这一少数民族节日的印象，同时引出更多少数民族的节日。课前让班里不同民族的学生各自合作，准备介绍本民族的一个重要节日。虽然学生对自己民族的节日很了解，但是要用英文表述出来，还是有较大难度。因此课前的准备就要做得很充分。教师需指导学生从网络、书本中查找相关信息。对于难以查到的一些英文表达方式，教师需和学生一起讨论确定。这个过程锻炼了学生有效利用图书馆、计算机网络等资源获得广泛英语信息的能力，扩展了所学知识，并且帮助少数民族学生提高了学习英语、运用英语的兴趣。

（2）课堂展示环节，除了文字资料以外，还需给出一些图片、影像资料，以使其他同学能有更加感性、直观的认识，增加趣味性。

（3）通过这样的活动，学生能对少数民族节日以及这些节日反映出的少数民族的信仰、传统、文化有更深刻的认识，加深了不同民族学生之间的相互了解，增强民族自豪感。

六、教学资源

（1）http://www.china-tour.cn/People-And-Customs/Festivals-of-Chinese-Ethnic-Minority-People.htm

第四节　Working the Land

一、教材中的知识点[①]

本节知识点见于：普通高中课程标准实验教科书，高一年级英语第四模块，第2单元 Working the Land，必修课，第9页。

二、民族团结教育的切入点

本单元谈论农业及农作。阅读文章通过介绍杂交水稻之父袁隆平的事迹来让学生们关注农业。练习册中还提到了古代著名农学家贾思勰。在中国少数民族中，也有很多农学家或农业工作者为少数民族乃至全国的农业发展做出了突出的贡献，其中一位代表性人物是维吾尔族农学家鲁明善。

三、教学目标

（1）学生了解维吾尔族农学家鲁明善的事迹。
（2）学生认识到祖国的发展离不开少数民族人民的贡献，中华文明是在各民族共同努力下建立起来的。

四、教学设计

（一）导入

在学生通过课本中阅读材料了解了"水稻之父"袁隆平和中国古代农学家贾思勰的事迹后，教师发给学生每人一份有关古代少数民族农学家鲁明善的材料，布置学生阅读此材料并完成材料后的相关问题。

例1

T：Evengone, non we have known much better about Dr. Yuan Longping and Jia Sixie from the two reading passages. Next, I'd like to introduce to you another person who did a lot to help develop agriculture. His name is Lu Mingshan. I will give you a handout. Read the passage

---

[①] 人民教育出版社课程教材研究所、英语课程教材研究开发中心编著：《普通高中课程标准实验教科书英语4必修》，北京，人民教育出版社，2007。

on the handout carefully and finish the tasks below the passage, OK?

附件　阅读材料

Lu Mingshan

Lu Mingshan is a well-known Uygur agronomist during the Mongol Yuan Dynasty. His accomplishments in agriculture are manifested in his book *Nongsang yishi cuoyao* (Fundamentals of Agriculture and Sericulture for Food and Clothes), which is regarded as one of the three most influential agricultural books in Yuan Dynasty and has found its way to us through the ages.

Though his ancestral home was in Xinjiang, Lu Mingshan grew up in central China, inhabited by Han nationality. He was well educated and studied a large number of agricultural books. By the convenience of his work, he conducted detailed research in the agricultural situation in China's Zhejiang area. Based on the research, the book *Nongsang yishi cuoyao* came out in 1314. The book is characteristic of its practicality. Different from other masterpieces in agriculture at that time such as *Qimin yaoshu*, the contents of his book are divided according to the different farm work in twelve months, which is exceptionally practical for the farmers. This quality is also acknowledged in the *Summary Abstract of the Si Ku Quan Shu* (Complete Library in the Four Branches of Literature).

With 11,000 words in total, *Nongsang yishi cuoyao* is rich in contents and involves a wide range. The 208 entries include knowledge on weather, irrigation, farming, stockbreeding, gardening, sericulture, bamboo and wood, fruit and vegetables as well as the storage of farm products. Lu Mingshan followed the fine tradition of China's agriculture and advocated the diversifying operation of farming, forestry, husbandry and sideline production. He also concerned himself with promoting new agricultural technology and skills, some of which are rarely seen in other agricultural books.

In addition to the description of the farm work in the areas along the Yangtz River and Huai River, he also introduced some farming or stockbreeding methods for the nomads in the northland. His advices on horse breeding are still followed by today's people.

Reading comprehension questions:

(教师)笔记

1) Explain the underlined word "agronomist" in the first paragraph.

2) Which dynasty did Lu Mingshan live in?

3) Describe the characteristic of Lu Mingshan's masterpiece *Nongsang yishi cuoyao* in one word.

4) In what way did Lu Mingshan follow the tradition of China's agriculture?

(二) 核实答案并总结

教师检测学生阅读题目的完成情况，核实答案。引导学生意识到中国农业的发展是在各民族农业工作者的共同努力下才得以实现的，我们应该了解并珍惜这些农业工作者的劳动成果。

例2

T：OK, I see most of you have finished the questions. Let's check the answers together. The first one. Any volunteer to tell me your answer?

S_1：An expert in agriculture.

T：Yes, great! How do you know?

S_1：From the second line of the first paragraph "His accomplishments in agriculture" and also the theme of this passage.

T：Good job! The second question. Any volunteer?

S_2：Yuan Dynasty. I know it from the forth line of the first paragraph.

T：Excellent! The third question. Who'd like to tell us your answer?

S_3：Practicality. The fifth line in the second paragraph.

T：Good! Compared to other books in agriculture at that time, Lu Mingshan's book is characteristic of its practicality. The last question?

S_4：He advocated the diversifying operation of farming, forestry, husbandry and sideline production. I know it from the forth to sixth line of the third paragraph.

T: Yes. Good! You all have done a good job. After reading this passage, we know a famous agronomist in ancient times, Lu Mingshan. But in fact, there are many more ethnic minority experts, researchers or scholars both in the past and at present who have contributed a lot to the development of our country's agriculture, together with those agronomists of Han nationality. We should know more about them and cherish their achievements forever.

五、教学反思

（1）本教学环节是在学生阅读了本单元中有关袁隆平和贾思勰两位农学家的事迹后的一个补充和扩展。鲁明善是中国古代著名的维吾尔族农学家，为我国农业的发展做出了突出的贡献。但是，这些知识对于学生们来说还是很陌生的。因此采用了补充阅读材料的形式，给学生提供一个信息的输入，让学生在阅读的基础上结合读后习题抓住关键信息，迅速而有效地了解鲁明善。

（2）因为很难找到介绍鲁明善的完整的英文材料，文章是教师依照网站上一篇介绍鲁明善的中文翻译而来，读后的题目也是教师自己设计的，主要目的在于让学生把握有关鲁明善的一些关键信息，因此文章和题目都不难。其中第一题训练了学生利用情境和上下文推测词义的阅读策略，第四题训练了学生关注逻辑连接词的阅读策略。其他两题都可以从文章中直接找到信息。

（3）最后教师引导学生认识到少数民族农学家对祖国农业发展的贡献，教育学生要了解并珍视这些少数民族农业工作者的成果。如果能找到更多的相关资料，教学形式可以更多样一些，在教学目标的达成上也会更好一些。

六、教学资源

（1）http://www.hxfy5000.com/h_gdkj/_nysl/200907/15_3MMDAwMDAxMDg3MQ.html

第二章　高二年级

第一节　Great Scientists

一、教材中的知识点[①]

本节知识点见于：普通高中课程标准实验教科书，高二年级英语第五模块，第1单元 Great Scientists，必修课，第1页。

二、民族团结教育的切入点

本单元的主题是伟大的科学家。在科学领域，少数民族中也涌现了许多杰出的人才。他们同汉族的科学家一起为我们祖国科学的发展做出了卓越的贡献。他们的名字和成绩值得我们永记心间。

三、教学目标

（1）学生能了解科学领域中一些杰出的少数民族人才和他们的成就。

（2）学生能认识到祖国科学的发展是56个民族共同努力的结果。

（3）锻炼学生的团队合作能力和运用资源的能力。

[①] 人民教育出版社课程教材研究所、英语课程教材研究开发中心编著：《普通高中课程标准实验教科书英语5必修》，北京，人民教育出版社，2007。

四、教学设计

（一）课前准备

把学生分成六人小组。布置每组在课前通过网络、书籍等资源搜集一名在科学领域中做出杰出贡献的少数民族人才的信息。要求各小组内部做好分工，小组之间要确保找到的信息不重复。

（二）小组展示

各小组轮流为大家介绍本小组搜集到的信息。每组可选派代表或以集体为单位。

Group 1：Ming Antu[①]（明安图，蒙古族，天文和数学）

Ming Antu (1692—1765) is a famous Mongolian astronomer and mathematician in the 18th century. In the field of astronomy, he participated in the compiling and editing of the *Origin and Development of Calendar* when he was working in the Imperial Observatory. He is also well known for his work *Quick Method for Determining Segment Areas and Evaluation of the Ratio of the Circumference of a Circle to Its Diameter*, which helped to advance China's development of mathematics. But this work was finally finished not by his son but by his son and students. Besides his achievements in astronomy and mathematics, he also did a lot in geographical surveys, which laid a foundation for the completion of *Complete Atlas of the Empire*, the first atlas （地图册） of China drawn with scientific methods.

Group 2：Emperor Kangxi[②]（康熙皇帝，满族，数学）

As we all know, Emperor Kangxi of the Qing Dynasty (reigned 1662—1722) is an outstanding emperor in China's history. He was also an accomplished mathematician of Manchu ethnic group. He was a good learner and demonstrated great interest in western science. He was the chief compiler of *The Origins of the Calendric System*, *Music and Mathematics*, in 100 volumes.

[①] Based on http://www.ibiblio.org/chinesehistory/contents/02cul/c06s01.htm, by Richard R. Wertz.

[②] *China's Ethnic Minorities*. Foreign Languages Press. 2005：8~9

Group 3: Yutok Yonten Gonpo① (优拓庸殿宫波，藏族，医药)

Yutok Yonten Gonpo, a Tibetan, is the founder of the theoretical framework of Tibetan medicine and did distinguished contribution. He was born in a traditional Tibetan doctor family in south suburbs of Lhasa in 708 AC, later hebecame the imperial doctor of the king of tubo, Khri lde srong brtsan "Chide songzan". From 25 years old, he gave up the superior life to pursue the medical science, traveling around the neighbor countries to absorb their medical essence, which helped him build a solid basis for the future success. In his middle age, he finished the classic work *Four Medical Classics*. On the basis of this work, 79 colored wall charts were made to assist in the diagnosis of ailments (疾病) and the identification of drugs. In his old age, he did not only continue writing books, but also devoted most of his time in education and cultivated thousands of senior talents of Tibetan medicine. Furthermore, he established the Tibetan medical school in Gongbu district, where he first formed the system of academic degrees. It was such a miracle to initiate the higher education and academic degrees 1200 years ago. In the 8th century AC, *Four Medical Classics* was published, which indicated the establishment of Tibetan medical system and is honored to be the milestone of Tibetan medicine. It's a historical distribution to medical development.

Group 4: Qu Huanzhang② (曲焕章，彝族，医药)

Qu Huanzhang (1880—1938) is a practitioner in Chinese medicine. He came from Jiangchuan County in Yunnan Province and was of Yi nationality. He formulated the "Qu Huanzhang Panacea", which is now known as "Yunnan Baiyao". It is a multipurpose remedy specially used to stanch blood (止血), invigorate blood circulation, speedup blood elimination and remove *postludes*. It has been proven to have a great curative effect on internal organs and their malfunctions, such as pulmonary tuberculosis (肺结核) bleeding, gastric hemorrhage (胃出血), intestinal (肠子的) bleeding, internal cranium (颅骨) bleeding, gynecological (妇科的) blood disease and purpura (紫癜).

---

① http://www.ttmc.edu.cn/web/med_info_e.do?id=1
② http://www.china-herbs.com/hr00yb.html

Group 5: Li Biao[①]（李澄，白族，天文）

Li Biao (1818—1896), a scholar of Bai nationality, has abundant writings in his life. He was the editor in chief of *Astronomy and Geography*, two volumes in the *General History of Yunnan* came out during the reign of Guang Xu emperor. He was also the leading lecturer of West Cloud College in Dali at that time, known as the teacher of many renowned wits in Yunnan. His work in science contributed to the modern development of astronomy and mathematics. Li Biao focused on the high-precision astronomical calculation. One of his masterpieces is *Yue Li Biao*, a complete and precise description of the motion of the moon. *Chou Suan Fa*, another masterpiece, was meant to popularize the basic mathematical knowledge. Characterized by its fast and convenient algorithm（运算规则）, the book was widely spread among the Bai people in Dali, Yunnan and of great value to the popularization of primary mathematics in late Qing Dynasty.

Group 6: Li Siguang[②]（李四光，蒙古族，地质）

Li Siguang (1889—1971), an outstanding Mongolian geologist, was the founder of geomechanics, exploring a new approach for probing the structure and movements of the earth's crust（地壳）. A native of Huanggang, Hubei, Li studied in Japan and the UK in his early years. He became a geological professor at Peking University upon his return from abroad in 1920. After the People's Republic of China was established, Li held the positions of deputy president of the Chinese Academy of Sciences and minister of geology. He made outstanding contributions to changing the situation of "oil deficiency" in the country, enabling the large-scale development of oil fields to raise the country to the ranks of the world's major oil producers.

（三）反馈和总结

教师对小组展示进行反馈。引导学生意识到少数民族人民也为祖国科学事业的发展做出了卓著的贡献，值得我们永远铭记。

---

① 李晓岑、朱霞：《白族科学家李澄与月离表》，载《中国民族报》，2002年9月24日，第174期。

② http://en.wikipedia.org/wiki/Li_Siguang

T: OK. All the seven groups have done a good job. You must have done a lot of research before the class. I think we do learn a lot from each group's presentation. Thanks a lot. We have seen that these persons of ethnic minority nationality, and many others of course, contributed a great deal in the development of our country's science. We should remember their name and the work they have done.

五、教学反思

（1）本教学环节要求学生在课前6人为一组，每组负责搜集在科学领域中做出杰出贡献的少数民族人才的信息，在上课时用英文介绍给大家。这样的活动给学生提供了互相合作完成一项任务的机会，有助于培养学生的团队合作能力，同时也是一个训练学生运用网络、图书等资源的好机会。

（2）通过课前的准备及课堂上的展示，学生们了解到了科学领域的一些少数民族杰出人才，意识到中国科学发展进程是56个民族的科学工作者共同推动的结果，达到了民族团结教育的目的。

六、教学资源

（1）http：//www.ibiblio.org/chinesehistory/contents/02cul/c06s01.html，by Richard R. Wertz.

（2）China's Ethnic Minorities. Foreign Languages Press. 2005：8-9

（3）http：//www.ttmc.edu.cn/web/med_info_e.do?id=1

（4）http：//www.china-herbs.com/hr00yb.html

（5）李晓岑、朱霞：《白族科学家李潆与月离表》，载《中国民族报》，2002（174）。

（6）http：//en.wikipedia.org/wiki/Li_Siguang

第二节　Art

一、教材中的知识点[①]

本节知识点见于：普通高中课程标准实验教科书，高二年级英

---

① 人民教育出版社课程教材研究所、英语课程教材研究开发中心编著：《普通高中课程标准实验教科书英语6选修》，北京，人民教育出版社，2007。

语第六模块，第1单元 Art，必选课，第1页。

二、民族团结教育的切入点

本单元的主题是艺术。中国各少数民族有着独特的文化、信仰和生活环境，这使得他们创造出了独具特色的艺术形式，取得了令人赞叹的成就。少数民族民间工艺品更是体现了少数民族人民的聪明才智和对美好生活的向往。对少数民族工艺品的了解有利于增进对少数民族艺术、文化以及少数民族人民生活的了解，增强民族自豪感。

三、教学目标

（1）学生能够了解、认识一些维吾尔族民间工艺品，从而增进对维吾尔族艺术及人民生活的了解。

（2）维吾尔族学生能通过用英语介绍自己民族的艺术来增强学习英语的兴趣和自信心。

（3）增进班里维吾尔族学生和其他学生的交流。

四、教学设计

（一）课前准备

结合班级中多数少数民族学生是维吾尔族的特色，请班里的维吾尔族学生组成两人小组，准备好在上课时每组为大家介绍一件维族的民间工艺品。

（二）导入

在通过课本的阅读材料了解了国内外一些杰出的艺术成就之后，启发学生去关注中国少数民族的艺术成就，从而引出维吾尔族学生对本民族民间工艺品的介绍。

T: Class, we have read a lot about the achievements in the field of art both at home and abroad. Next, your Uygur classmates would like to introduce to you something about the art of their nationality, some well-known folk handicrafts. Let's welcome them!

（三）小组展示

维吾尔族学生以两人小组为单位，轮流介绍一件本民族的民间工艺品。

Group 1: Uygur Flower Caps[①]（维吾尔族花帽）

Flower caps are commonly known as "Doppa" in Uygur language. They are not only important ornaments in the everyday life of the Uygurs and valuable gifts to be given to friends and relatives, but also the furnishings in the Uygur families.

There is a great variety of flower caps in Xinjiang, including "Bandam" flower caps in Kashi, "Tashigan" flower caps in Yecheng, and "Gelem" flower caps in Hontan, "Marjan" flower caps in Kuqa. "Qiman" flower caps usually wore by intellectuals（知识分子）. In addition, there are "Gouhua", "Bexitala-dopa", "Mengistdopa", "Seripxitumak" flower caps, etc.

Flower caps are commonly embroidered（刺绣）by black and white silk or single thread with needlework such as sewing, cross-stitch work, a string of beads and gold thread-sewing and silver thread-sewing. Flower caps made in different regions have their own feature patterns and colors. It is Uygur custom to wear a flower cap and we have our Festival of Flower Caps. Visitors to Xinjiang would love to bring several flower caps with them on their way back.

Group 2: Xinjiang Carpet（新疆地毯）

Xinjiang carpets are not only famed in China, but also enjoy high reputation internationally. Xinjiang carpets have been exported to more than 80 countries and collected by many famous museums in the world, for example, Victoria Museum and Albert Museum in London, England, New York Textiles Museum in the United States, Frankfort Handicraft Art Museum in Germany, etc.

The history of carpet-weaving in Xinjiang can be traced back as far as 2,000 years ago, when carpet-weaving was in vogue in Hotan. Hotan County, renowned for its jade, is also the home of Xinjiang's carpet-weaving trade. The most spectacular goods on display along the streets of Hotan's towns are the gorgeous carpets. Every village has its own weaving workshop and craftsmen. In the past when the trading business along the Silk Road was still prosperous, Xinjiang's carpets had already

---

① http://www.xinjiangtour.com/oumei/ShowArticle.asp?ArticleID=499

reached the West. At the same time carpets from ancient Persia were brought into Xinjiang. In this way Chinese and foreign carpet-weaving techniques and decorative patterns influenced each other. Xinjiang's carpets first entered central China in the past as tribute（贡品）or through trade.

Xinjiang carpets can not only be hung on the walls but also be laid on the floors of the rooms and on the corridors. The surfaces of the carpets are glossy and smooth. They are so straight, soft, pleasing to the eyes, tasteful and bright colored that they will certainly add splendor to the houses, and are really and truly the ideal top-grade articles for the furnishing of families and guest-houses.

Group 3：Xinjiang Hotan jade（新疆和田玉）

Xinjiang jade is both solid and finely textured, its surface sparkling and clear, and the quality superb. There are chiefly Hontan jade, sapphire, "Tes" chrysoprase, jet, "Gold Mountain" jade, topaz, jasper, etc. Handicraft articles carved from Xinjiang jade are as spotless as snow for white jade, bright and pure for topaz, dripping green for emerald and simple but elegant for jet. Jade products have been exported to many countries over the world and deeply appreciated and welcomed[①].

Hotan Jade especially enjoys high reputation. Hotan jade is mainly found in the Kunlun Mountains. It is recorded in the ancient books that there is a "jade mountain" south to Hotan. The "jade mountain" just refers to the reserves of jade in that area.

Group 4：Yengisar Small Knives（英吉沙小刀）

The Yengisar Small Knife is a traditional Uygur handicraft. It is exquisitely shaped and beautifully decorated. The Yengisar Small Knife has a history of more than 200 years. The Yengisar Small Knives are generally curved knives（弯刀）. The hilt（刀柄）can be wood, horn ware, bronze or silvery. The hilt is carved with different decorative patterns. No matter what the hilt is shaped, the craftsmen will decorate it with bright color, some even with jewelry.

The Yengisar Small Knives can be used for carving, so they are one of the frequently needed products by the minority nationalities in Xin-

---

① http：//www.xinjiangtour.com/oumei/ShowArticle.asp? ArticleID = 500 jiang. They also have great art value. Whoever tours in Xinjiang are willing to purchase with pleasure several Yengisar small knives to give to their relatives and friends or as souvenirs. The Yengisar small knives enjoy great fame and are exported far and wide to Japan, Pakistan and other countries in West Asia.

Group5: Palazi（帕拉孜）

Palazi is also a traditional Uygur handicraft. It is woven with colored wool. Palazi displays various geometric patterns. The weaving skill is more or less the same as the skill in carpet-weaving. It has many uses, like being used as carpet, bed blanket, adornment as well as the blankets covered on the back of horses or camels. It is highly popular in Xinjiang and also welcomed a lot by the visitors.

（四）反馈与总结

教师对维族学生的表现进行反馈并加以总结。

T: Thank you very much! We are greatly impressed by the fantastic Uygur folk handicrafts. These folk handicrafts are special for they reflect the distinctive art style of the Uygur people, which is very precious in our Country's art treasure-house. When it is possible, we should take every opportunity to introduce these folk handicrafts to the foreigners.

五、教学反思

（1）本教学环节邀请班里的维吾尔族学生以两人为一组分别介绍一种维吾尔族的民间工艺品。维吾尔族学生在用英语作简介方面存在较大困难，因此课前需要教师多进行指导，帮助维吾尔族学生确定一些英文表达方式，指导他们如何更好地将准备好的信息介绍给大家。

（2）这次活动可以增强维吾尔族学生在实际生活中运用英语的自信心，同时用英语介绍本民族的工艺品也会使这些维吾尔族学生增加学习英语的兴趣，意识到英语作为一种工具主要是为了交流信息，削弱他们对英语学习的紧张和忧虑。这次活动更为维吾尔族学生提供了一个很好的和班里其他学生交流的机会，维吾尔族学生可以自豪地介绍自己民族的艺术品，其他学生也能更好地了解维吾尔族精美绝伦的艺术创造，加深对维吾尔族人民生活的了解，使班里不同民族学生间的关系更为融洽。

六、教学资源

（1） http：//www.xinjiangtour.com/oumei/ShowArticle.asp？ArticleID = 499

（2） http：//www.xinjiangtour.com/oumei/ShowArticle.asp？ArticleID = 500

第三节 Traveling abroad

一、教材中的知识点[①]

本节知识点见于：普通高中课程标准实验教科书，高二年级英语第七模块，第 5 单元 Traveling abroad，必选课，第 37 页。

二、民族团结教育的切入点

本单元的主题是去国外旅游。旅游在人们的日常生活中变得日益重要，不再是以往偶然的、不经常的度假方式，而是成了人们生活中的一个组成部分。越来越多的人选择去国外观光旅行，本课切入点即是由国外游联系到国内旅游的情况。在国内旅游市场，西部赢得了比以往更多关注的目光。比如，新疆这个充满地域和民族特色的地方就是人们首选的旅游目的地之一。结合本班有近三分之一的学生来自新疆的特点，请这些新疆学生为其他同学介绍一些新疆的著名旅游景点，将是一次很好的增进民族间了解的机会。

三、教学目标

（1）新疆学生能用英语对自己家乡的一些旅游景点作介绍。

（2）其他学生能对新疆的著名旅游景点及新疆学生成长的环境有进一步的了解和认识。

（3）学生能增强对少数民族地区地域和民族特色的喜爱，进而增强其对祖国的热爱。

[①] 人民教育出版社课程教材研究所、英语课程教材研究开发中心编著：《普通高中课程标准实验教科书英语 7 选修》，北京，人民教育出版社，2007。

(教师)笔记

四、教学设计

（一）课前准备

请班里的新疆学生结成小组，就去新疆旅游的话题为大家当一次导游，介绍一些新疆的特色旅游景点。

（二）导入

以本单元的话题是"出国旅游"，但我国地域广阔，特别是新疆等边疆地区，风景秀美，值得去旅游。那么，同学们，如果去新疆旅游，需要注意什么？有什么好的旅游景点？

T：We have known something about traveling abroad. In our country, there are many places of ineernet too. If Xinjiang is your next travelling destination, what should you know about Xinjiang and what tourist attractions do you want to go to? Next, your Xinjiang classmates will give you an introduction about touring in Xinjiang. Let's welcome them!

（三）小组展示

新疆学生以小组为单位，给大家介绍一下去新疆旅游需知的基本常识和新疆的一些特色旅游景点。

Group 1：Xinjiang Tour Guide

学生可参考网页 http：//www.globaltimes.cn/www/english/truexinjiang/tourism/guide/2009-07/446030.html，并做适当修改。

Group 2：Xingxingxia Passage in Hami[①]

Xingxingxia Passage is located at the southeast of Hami City, the border of Gansu and Xinjiang Uygur Autonomous Region. Xingxingxia means "star gorge" —a beautiful name supposedly derived from ancient times, when travelers would rest up here in the mountains and look up to see one of the mountain peaks shining like a little star. It has long been regarded as the east gate of Xinjiang Uygur Autonomous Region since ancient times.

---

① http：//www.globaltimes.cn/www/english/truexinjiang/tourism/scenes/2010-01/496116_2.html

Group 3: Swan Lake①

Actually, there are two swan lakes in China. One is in Shandong province, while the other one is here in Mt. Tianshan, Xinjiang province. There is a national natural reserve here called Bayinbuluke. Bayinbuluke grassland is the second largest grassland in China with an area of 24,000 km² and an altitude of 2,300 – 2,800 meters.

The main residents here are Mongolian people, consisting a percentage of 78% of the local people. The local people are well-known for their protection of swans, which makes them get along well with swans. When the night falls, it is the time swans went out looking for food. You will see many beautiful and elegant swans swimming in the lake.

Group 4: Grape Valley②

Every August the sweet air will herald the vintage (葡萄收获期). The best place to enjoy the grapes is Grape Valley.

Grape Valley of Turpan is located in northeast of Turpan, Xinjiang province. Due to the unique climate, the grapes here are particularly sweet with especially high sugar content. The varieties of grapes include Manaizi grapes, Core-free White grapes (also known as Small Grapes) and red grapes.

As early as over 2,000 years ago, Zhang Qian who was dispatched on a diplomatic mission to the Western Regions in the Western Han Dynasty discovered grapes growing here and introduced them to the mainland.

Located in the Flaming Mountain 13km (8 miles) of Turpan, the Grape Valley runs 8km from north to south with a width of 0.5km. This green paradise of 400 hektares (988 acres) is covered with layer upon layer of grapes.

It seems that all the water in the desert of Turpan flows into the Karez systems in the Grape Valley. Every single grape is crystal, watery and as green as emerald; some as red as agate, some as small as pearls while others seem like olives.

---

① http://www.globaltimes.cn/www/english/truexinjiang/tourism/scenes/2009-07/445777.html

② http://www.globaltimes.cn/www/english/truexinjiang/tourism/scenes/2009-07/445478.html

Group 5: The Heavenly Pond[①]

Tianchi, or the Heavenly Pond, is dubbed "the Pearl of the Tianshan Mountains". It is located in Fukang City of the Changji Hui Autonomous Prefecture, 110 kilometers east of Urumqi.

The Heavenly Pond abounds with wildlife and other natural resources with an area of 4.9 square kilometers.

The Heavenly Pond is a Four-A-Grade scenic spot approved by the State Council and listed in Bogeda Man & Nature Biosphere Reserves by UNESCO.

Group 6: Kizil Thousand-Buddha Caves[②]

The Kizil Thousand-Buddha Caves is located in The Mystic Grand Canyon of the Tianshan Mountains. Kizil means red in the Uygur. It is one of the key national cultural protection units. Sixty kilometers (37.2 miles) east of Baicheng County, the Kizil Thousand-Buddha Caves sit on the cliffs on the northern bank of the Muzat River, 7 kilometers (4.34 miles) southeast of Kizil town.

According to the characteristic of the layout of the caves, the subjects and art style of murals and the radioactive carbon examination, the time of most of the caves ranges from the fourth to the eighth century, and can be generally divided into the early, middle and the late stage. They are the representatives of Qiuzi grottos（洞穴）.

The Kizil Thousand-Buddha Caves is the earliest Buddhist art treasure trove in China, even one century earlier than the famous Mogao Grottoes.

Group 7: Kanas Nature Reserve[③]

Kanas Nature Reserve, 155 kilometers north of Burjin County, covers an area of 2,500 square kilometers. It is a complicated nature reserve, and is attractive with its unique scenery.

Kanas Lake is an alpine lake in the Altai Mountains and located in

---

[①] http://www.globaltimes.cn/www/english/truexinjiang/tourism/scenes/2009-07/445471.html

[②] http://www.globaltimes.cn/www/english/truexinjiang/tourism/scenes/2009-07/445435.html

[③] http://www.globaltimes.cn/www/english/truexinjiang/tourism/scenes/2009-07/445413.html

the heart of the nature reserve, with an area of 37.7 square kilometers and an average depth of 90 meters.

The 125 kilometer-long Kanas River winds its way like a pearl necklace around Kanas Lake which is the most beautiful and bright pearl.

As the deepest lake in Xinjiang, its legendary "Lake Monster" attracts visitors from all over the world.

Group 8: Aitigar Mosque[①]

Aitigar Mosque, located in the heart of Kashi, is the largest mosque in Xinjiang as well as the best institute of learning of Islam in Xinjiang. It occupies an area of 16,800 square meters, and consists of the halls for worshiping, the halls for scripture reciting, the gate tower, and the institute of learning. The worshiping halls and the square in front of the mosque are large enough to accommodate 100,000 worshippers at one time.

（四）反馈和总结

教师对新疆学生的表现进行反馈并加以总结。

T: Boys and girls let's first thank your classmates for their wonderful job. We learn a lot from their introduction of touring in Xinjiang. What attracts you most after your classmates' introduction?

S_1: The beautiful scenery.

S_2: The special flavor of the ethnic minorities in Xinjiang.

T: Yes! The scenic spots shown by your classmates just now are so beautiful. I'm sure they will be even more beautiful when we arrive there in person, right?

Ss: Yes.

T: I guess many of you feel like going to Xinjiang right now, yes?

Ss: Yes!

T: So you can talk with your Xinjiang classmates after class about your future plan of touring in Xinjiang. There are many more attractions in Xinjiang worthy of sightseeing.

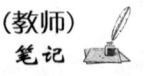

---

① http://www.globaltimes.cn/wwww/english/truexinjiang/tourism/scenes/2009-07/445184.html

五、教学反思

（1）本教学环节从本单元的主题"出国旅游"引到"去新疆旅游"的话题上，意在让学生感受到祖国少数民族地区也有着丰富的旅游资源，少数民族地区也有很多值得我们去欣赏的自然景观和人文景观，增强学生对祖国的热爱。

（2）让新疆学生来介绍自己家乡的景观能进一步增强新疆学生的自信心，提高他们学习英语、运用英语的兴趣，也给新疆学生和其他学生提供了一次很好的相互交流的机会，学生们能更好地了解新疆学生成长的环境，增进相互的了解。

（3）在新疆学生准备的过程中，教师要适时地指导他们通过网络和书籍等资源来查找相关信息，帮助他们借助一些图片和视频资源来更好地呈现信息。

六、教学资源

（1）http://www.globaltimes.cn/www/english/truexinjiang/tourism/index.html

第四节　Meeting your ancestors

一、教材中的知识点[1]

本节知识点见于：普通高中课程标准实验教科书，高二年级英语第八模块，第5单元 Meeting your ancestors，必选课，第37页。

二、民族团结教育的切入点

本单元的主题是考古。自古以来，中国各民族就分散在祖国辽阔疆域的四面八方，各民族同胞一起创造了祖国繁荣的文化。学习关于少数民族的考古发现，有利于我们了解少数民族古代先民的生活。另外，中国各民族间的交流从古至今一直未曾间断，对少数民族居住地区考古发现的了解，也会有助于我们更好地认识中国各民族共存共荣的情况。

---

[1] 人民教育出版社课程教材研究所、英语课程教材研究开发中心编著：《普通高中课程标准实验教科书英语8选修》，北京，人民教育出版社，2007。

三、教学目标

（1）学生能够了解少数民族居住地区的两个重大考古发现。

（2）学生能够领会少数民族拥有源远流长、光辉灿烂的历史，了解汉族和少数民族间自古就有的广泛而密切的交流。

四、教学设计

（一）导入

从学生们熟悉的"楼兰美女"引出话题，引导学生关注楼兰古城遗址，为第二步学生代表介绍楼兰古城遗址做准备。

T：Boys and girls, this unit is about archaeology, so I have one question for you. Have you ever heard of "Loulan Beauty"?

Ss：Yes.

T：Can anyone tell me who is "Loulan Beauty"?

S_1：A beautiful woman living in Loulan thousands of years ago.

T：Yes. What is the woman like now?

S_2：She is a mummy.

T：Great! To be exact, "Loulan Beauty" is a woman or female mummy discovered in Loulan in 1980. It is confirmed that the woman lived about 3,800 years ago. When she was discovered, people were all shocked, why?

S_3：Because the body is preserved very well.

T：Yes, exactly. "Loulan Beauty" is so well-preserved, totally beyond our modern people's imagination. The ancient state of Loulan, the location where "Loulan Beauty" was discovered, is in Xinjiang Uygur Autonomous Region. Two of your classmates have done some research about this mysterious place. They'd like to tell you something about this ancient state. Let's welcome them!

（二）学生展示

由班里在研究性学习中探索楼兰古城历史的两位同学结合自己调研的情况，用英语向大家介绍一下楼兰古城被人们发现的经过和楼兰古城遗址的情况。

The ancient state of Loulan[①]

S_4: Loulan is one of West China's 36 ancient states. It mysteriously disappeared after 500 years of continuous prosperity. Loulan was a large, prosperous trading hub on the Silk Road, which dealt mainly in the trade of silk, glass, and perfume. Its rapid disappearance is one of history's biggest puzzles.

When he returned from his Western journeys, Xuanzang of the Tang Dynasty (618-07) had already seen the bleak scene of the Loulan city buildings, with very few people. About 1,500 years later, a Swedish adventurer named Sven Hedin and his guide discovered Loulan on March 28, 1900. The discovery actually caused a great sensation at the time, and was reputed as the "Oriental Pompeii." For more than 100 years since then, Loulan has stirred the enthusiasm of adventurers, historians and travelers both from China and abroad. Loulan Beauty, Loulan Tomb, Loulan Coffin ... one miracle after another has persistently aroused world attention.

Scholars from home and abroad believe the Loulan relics are the most important discovery along the once-prosperous Silk Road for researching and exploring the rich history of Xinjiang and central Asian countries, the history of the Silk Road, cultural communications and exchanges of East and West.

S_5: The Site of Loulan State was located on the west bank of Lop Nur Lake, which was once a rich water network, but has entirely dried up now. The vast area of sand to the northeast of Ruoqiang County in Xinjiang Uygur Autonomous Region is called the "forbidden zone to life". The weather there is very extreme: during the summer, the maximum temperature tops 50 degrees Celsius, and in the winter it can fall as low as 30 degrees below zero.

Loulan was a kingdom of 360,000 square kilometers, bordered Dunhuang in the east and Niya city in the west. It had a population of over 14,000. As a key traffic hub on the ancient Silk Road, it served as an important trading center between China and the West, welcoming streams of camels loaded with exotic goods from many parts of the world. Many

---

① http://www.chinaculture.org/gb/en_curiosity/2003-12/03/content_44421.htm

visitors and caravans were from the Mediterranean region. The ruins unearthed so far cover an area of over 100,000 square meters, filled with the ruins of city walls, residential buildings, palaces, temples, workshops and towers, as well as broken beams and pillars.

Archeologists believe there was once a water tunnel running through the city that divided it into two functional parts. The most eye-catching architecture is a wooden Buddhist pagoda located in the eastern city ruins. This octagonal-shaped pagoda is 10 meters high with a square base and a round top.

In the city center are rows of adobe houses surrounded by piles of wood, with some pieces of timber up to five or six meters in length. On the foundations of some of the houses we can still find traces of red paint. A large amount of historical documents have been discovered among these houses.

（三）反馈及总结

教师对两位学生的表现进行反馈并加以总结，引导学生认识到楼兰古城源远流长、光辉灿烂的历史是由生活在这里的少数民族人民用他们的智慧和劳动创造的。

T: Just now, we have heard a brief yet comprehensive introduction of the ancient state of Loulan. The two speakers did a very good job. What has been discovered in Loulan shows to us that Loulan had a splendid history. It had been prosperous before it disappeared suddenly. The prosperity had much to do with the wisdom and efforts of the ethnic minority peoples living there as well as the communications and exchanges between West China and Central China that were so frequent when the Silk Road was in use. As they mentioned, there are many miracles about the ancient state of Loulan. If you want to know more about Loulan, you can talk with them after class.

（四）内容扩充

教师介绍新疆地区的另一个考古大发现——"阿斯塔那墓地"，作为扩充，意在让学生们进一步认识到古代汉族和少数民族之间密切的交流和沟通。

An Introduction of the Astana Ancient Tombs[①]

T: Next, I'd like to introduce to you another archaeological discovery in Xinjiang, the Astana Ancient Tombs. The Astana Ancient Tombs are in the city of Turpan. They are part of the Underground Museum of Turpan and the Living Archives of Gaochang. Astana means capital in Uygur.

The tombs are located 42km southeast of Turpan city and 6 km from the Ancient City of Gaochang. The tombs were the public cemetery of the ancient Gaochang residents, both aristocrats and commoners. Among the excavated 456 tombs, the Gaochang king's had not been found.

The tomb complex (建筑群) is 5km from east to west, and 2km from north to south. Gravel boundaries separate the tombs by family. The paternal family burial order was strictly followed, similar to the system in Hexi Corridor (today's Gansu Province), and even in central China. Generally, husband and wife were buried together. In some cases, one man was accompanied by two or three women.

A slope of over 10 meters long leads down to the chamber (秘室). The chamber is 2 meters high with a flat ceiling or a dome. The dead are placed on an earthen or wooden bed in the back of the chamber. They had wood in both hands and wore cotton, linen or silk clothes. Around them are miniature pavilions, carts and horses, parades, musical instruments, chess sets, pens and ink, grapes, melons, dumplings and pancakes—to be used by the dead in another world.

Owing to the arid climate, the relics are very well preserved; dumplings are the same as today's, and the stuffing is as intact as it was when fresh. Murals (壁画) with vivid pictures of humans, animals, flowers, mountains, and rivers decorate some chambers. A painting of ladies playing chess illustrates the happy life of aristocrats (贵族) in the early Tang Dynasty (618 - 907). It is noteworthy that mummies here compare favorably with Egyptian mummies in both quantity and quality, providing precious specimens for anthropology, history, medicine, and ethnology. The mummy of the well - known Gaochang General is 1. 90 meters tall with well - preserved beard hair and clothes.

---

① http: //www. gotoxj. com/travle - xinjiang/0F330292009. html

Among the more than ten thousand cultural relics excavated are over 2700 books, epitaphs, paintings, clay figures, and pottery, wood, gold and stone wares, ancient coins, silk and cotton textiles. The time recorded in the books ranges from 273 to 772.

T: I'd like to have your special attention on the nationalities of those people in the Astana tombs. The tombs are mainly those of the Han people though those of ethnic groups such as the Cheshi, Turki, and Hun are also represented. The Cheshi, Turki, and Hun are all the ethnic minorities living in this area in the ancient times. Tomb structure and placement indicate that while Han people were in the majority in Gaochang, all nationalities enjoyed equality. This also indicates that in the ancient times, early Tang Dynasty in this case, the communications between different ethnic groups are quite frequent and complicated, which can explain why there are tombs for people from different nationalities.

五、教学反思

（1）本教学环节希望能让学生了解少数民族居住地区的两个重大考古发现——"楼兰古城遗址"和"阿斯塔那墓地"，从而领会少数民族源远流长、光辉灿烂的历史，同时认识到中国各民族间自古就有着广泛的交流和沟通，增强学生对中国各民族共存共荣的历史与现状的了解。

（2）教学时由班里在研究性学习中探讨楼兰古城历史的两位同学结合自己调研的情况，用英语向大家介绍楼兰古城被人们发现的经过和楼兰古城遗址的情况，为班级研究性学习成果提供了一个很好的展示机会，学生们之间的这种交流也能更好地加深同学们对新疆的这次考古大发现的了解。

（3）因为学生对这两个考古发现相对比较陌生，所以采取了学生代表和老师分别作介绍的方式。如果课前能给出话题让学生们自己去探索，相信会达到更好的效果。

（4）在介绍时需要提供一些图片及影像资料，使学生能更获得更直观的感受。

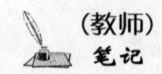

六、教学资源

(1) http://www.gotoxj.com/travle-xinjiang/0F330292009.html

(2) http://www.chinaculture.org/gb/en_curiosity/2003-12/03/content_44421.htm

物理篇

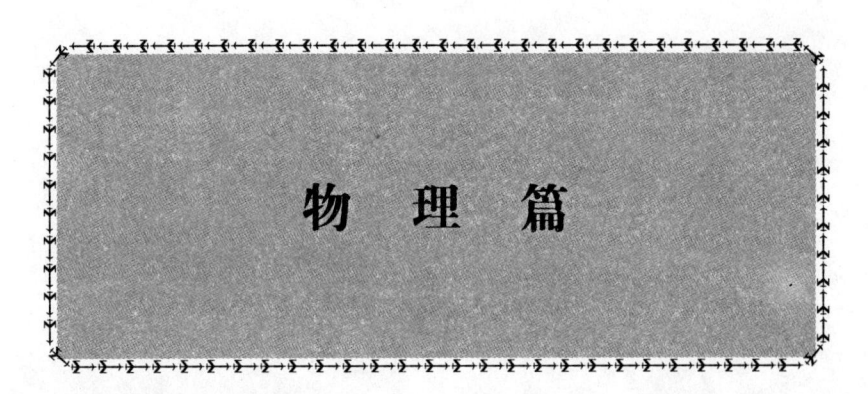

第一章　高一年级

第一节　我国的欹器

一、教材中的知识点[①]

本节知识点位于：普通高中课程标准实验教科书，高一年级物理第一册，第四章《物体的平衡》，必修课，第 103 页。

二、民族团结教育的切入点

物体的平衡及平衡条件、平衡的种类在欹器上集中表现，可见我国各族先民的智慧与勤劳，激发学生民族自豪感。

三、教学目标

（1）通过我国古代欹器的介绍，使学生进一步了解物体平衡的种类：稳定平衡、不稳定平衡、随遇平衡。

（2）通过我国古代欹器的介绍，使学生进一步理解重心的概念，进一步理解物体的平衡条件，会应用平衡条件解决遇到的实际问题。

（3）通过学习，使学生了解中华各民族的先民在远古时代就已经展现出非凡的聪明和智慧，以此激发学生的民族自尊心和自豪感。

[①] 物理通报杂志社、北京教育科学研究院、北京出版社合编：《普通高中课程标准实验教科书物理 1 必修》，北京，教育科学出版社，2007。

四、教学设计

(一) 设计思路

可能会有个别同学对欹器有所了解,如果这样的话,就由这些同学对欹器进行介绍,教师适当补充,效果会更好。如果没有同学了解欹器,可以由教师通过图片、文字等资料进行介绍;也可以提前布置任务,或者作为研究性学习课题,由学生课下搜集资料,课上汇报交流。教师可根据实际情况,灵活选择合适的方法。由于课时的限制,作者没有课前布置任务,直接在课堂上采取各种方式对欹器进行了简介。

(二) 课堂教学实录

【PPT 展示】欹器实物图片(图略,教师可以从百度网查找的合适的图片)

教师:有谁知道这是什么容器?此容器与一般容器有什么与众不同的特点?"谦受益满招损"就是由此引申而来的,这一点有谁知道吗?

学生回答:(略)

1. 欹器的由来

这个器物叫欹(音 qī 奇)器,欹,倾斜的意思。最早的欹器是一种尖底、口小的陶器水罐,在水罐的腹部中央偏下有两个系绳用的环耳。据考古分析这是古代人民用来打水的器皿。用绳子吊起空罐子的时候,罐子是倾斜的,放入水中,水很容易进入罐中,但水装到一半的时候,水罐就会自动的立起来;如果水盛满了,将盛水的罐子提起来,水罐又会倾斜把一部分水倒出来,剩下半罐水时就又直立了。

2. 欹器的寓意

最早关于"欹器"的记载,可见于战国时《荀子》一书《宥坐》编。这里"宥"字相当于"右"字,"宥坐"也即"右坐"或"右座",也就是今人所说的"座右铭"的意思。据说,有一次孔子去周庙参观,见庙中有个欹器。孔子问道:"这是什么器物?"守庙的人回答说:"这是佑座器。"孔子说:"我听说这种东西灌满了水就翻过去,没有水就倾斜,灌一半的水正好能垂直正立,是这样的吗？"守庙的人回答说："是的。"孔子让子路取来水试了试，果然这样，于是长叹一声说："唉，哪有满了而不翻倒的呢？"

人们在欹器快要倾覆时就不会再往里边注水了，或者在欹器朝倾覆那边倾斜时就不再往里边注水了。人非圣贤，孰能无过。但那些具有内省精神、道德高尚、不骄不躁的智者心中也许都秘藏着一个这样的器物，所以，他们察微知著，在某种苗头出现时就能预见到其后果，并及时遏止不良苗头的发展。譬如孔子，就爱在座位旁放一个欹器，来警示自己。

清朝皇帝让人在紫禁城里摆设欹器，是借欹器"满则覆，中则正，虚则欹"的特点喻示"满招损，谦受益，戒盈持满"的道理，并以此警戒自己和后人，以利于国之长治久安。于是，清朝的官员及以后的很多领导者们，经常在自己的宫殿、大堂里摆放各种欹器的艺术器件，时刻警示自己。

3. 欹器的原理

欹器为何有如此神奇玄妙呢？我们通过如下图示来理解欹器的工作原理。

如下图中 a 图所示，O 点为转动轴的位置，欹器可绕 O 点自由转动。欹器不装水时，重心在 O 点正下方的一侧 P 点，所以，欹器不能正直情况下平衡。在重力作用下转动一个小角度，到重心在转动轴正下方时就可以平衡了，如图 5 中 b 图所示。这时的欹器虽然有点倾斜，但确实处于稳定平衡状态，即使有一个小的扰动，欹器暂时偏离了平衡位置，欹器也会在自身重力的作用下回到平衡位置。当欹器装有适量的水时，重心转移到转动轴的正下方，欹器正立平衡，也是稳定平衡状态，如图 5 中 c 图所示。当欹器中装满水时，重心上升至转动轴的上方，如图 5 中 d 图所示，这时，欹器处于不稳定平衡状态，稍有扰动欹器就会在重力的作用下，口朝下翻转过来，水就流出来了。

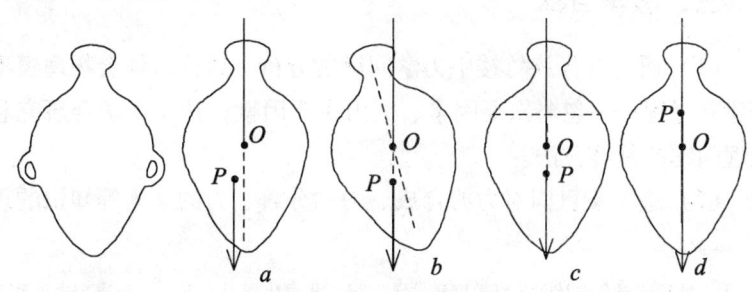

图 5　欹器原理示意图

（三）课后小结

在几千年前，我国古老的各族人民已经展现出了非凡的聪明才智，也许当时的人们并不十分了解物体的平衡、以及平衡的种类，但人们明显已经能够熟练地应用平衡问题来解决生产和生活中遇到的问题。我们现在知道了物体平衡的条件，我们就更应该会用我们掌握的理论知识，让我们的生活更方便、更幸福、更美好。另外，在物理现象中体现的人生哲理也耐人寻味。

（四）布置作业

有兴趣的同学课下自制一个欹器，材料、形状不限，看谁做的欹器最符合欹器的原意："满则覆，中则正，虚则欹。"

五、教学资源

（1）戴念祖、刘树勇：《中国物理学史（古代卷）》，南宁，广西教育出版社，2006。

第二节　傣族竹楼中的力学问题

一、教材中的知识点[①]

本节知识点位于：普通高中课程标准实验教科书，高一年级物理第一册，第二章《力的分解》，必修课，第61页。

二、民族团结教育的切入点

力的合成与分解在傣族竹楼建筑中的实际应用。

三、教学目标

（1）通过对傣族竹楼中力学问题的分析、讨论，体会物理模型的建立过程——忽略次要因素、突出主要因素，让学生学会研究和处理问题的具体方法。

（2）进一步巩固对力的合成、力的分解、力的平衡等知识的理

---

① 物理通报杂志社、北京教育科学研究院、北京出版社合编：《普通高中课程标准实验教科书物理1必修》，北京，教育科学出版社，2007。

解和应用。

（3）通过对我国傣族竹楼及其他少数民族特色建筑的力学问题的分析、讨论，体会我国各族人民非凡的聪明和智慧，激发学生的民族自尊心和自豪感，增进民族团结。

四、教学设计

（一）设计思路

对于傣族的竹楼，同学们大都很新奇，没有见过，甚至还有一点惊讶，毕竟是大家常年居住在繁闹的大都市，很少有机会深入到我国少数民族地区了解当地的特色建筑。学生不容易看出竹楼的力学模型，教师要带领学生一步一步地消除一些和我们要研究的力学问题无关或关系不大的因素，逐步突出我们所要研究的力学物理模型。

（二）课堂教学实录

1. 背景材料：傣族的竹楼

傣家竹楼为干栏式的建筑，造型美观，外形像个架在高柱上的大帐篷。云南西双版纳是傣族聚居地区，这里的地形高差变化较大，北部为山地，东部为高原，西部却为平原。傣族人民多居住在平坝地区，常年无雪，雨量充沛，年平均温度达21℃，没有四季的区分。在这里，干栏式建筑是很合适的形式。由于该地区盛产竹材，所以许多住宅用竹子建造，称为竹楼。竹楼通常用粗竹子做骨架，竹编篾子做墙体，楼板或用竹篾、或用木板，屋顶铺草。用料简单，施工方便而且迅速。修建者用各种竹料（或木料）穿斗在一起，互相牵扯，不用一颗铁钉，却极为牢固。傣族的竹楼与地面间隔一段距离，楼室高出地面若干米，潮气不易上升到室内，水也淹不到楼室上。能够有效地防潮隔湿，保持室内的干燥，这也是傣族人民智慧的结晶。竹楼为四方形，楼内四面通风，夏天凉爽，冬天暖和。总体来讲，竹楼具有冬暖夏凉、防潮防水防震的特点。

2. 力学问题分析与讨论

图6为傣族竹楼的示意图，将其简化后为图7所示，因其具有对称性，进一步简化后，如图8所示，我们来研究连接点O的受力情况。

（1）斜杆ON和水平杆OP对O点的作用力F_3、F_2的方向

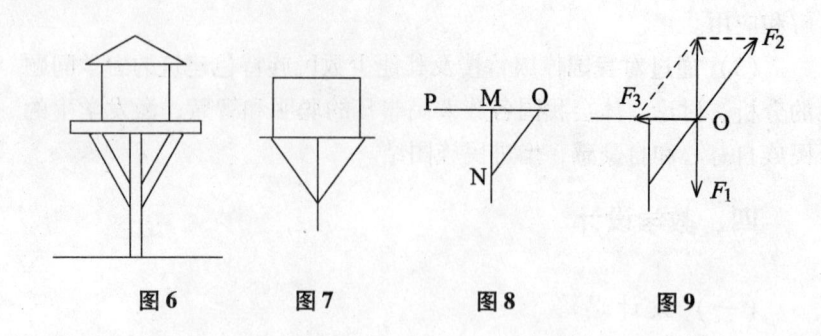

图6　　　图7　　　图8　　　图9

如何？

（2）O点受到几个力的作用？这几个力具有什么关系？

（3）假设OP上面的重物对O点的压力大小为100N，斜杆和水平杆间的夹角为30度，则两根杆对O点的作用力各有多大？

（4）在OM距离、压力F_1不变的情况下，只减小MN间的距离，则两杆的作用力F_3、F_2如何变化？

（5）如果你是傣族的设计师，为了提高竹楼的坚固性，可以采取哪些有效的措施？

3. 解答

（1）斜杆ON对O点的作用力向右上，有着向上推的作用，防止上面的重物落下。

水平杆OP对O点的作用力的方向是向左，具有向左拉的趋势，有不让O点向右离开的趋势。力的方向不是向右的，对此同学们可以自己用手指、圆规等工具体会一下。

（2）O点受到三个力的作用，这三个力的合力为零。

（3）如图9所示，可得：$F_3 = F_1\tan30° = 100 \times \dfrac{\sqrt{3}}{3}$ N ≈ 58 N

$$F_2 = \dfrac{F_1}{\cos30°} = 200 \times \dfrac{\sqrt{3}}{3} \text{ N} \approx 116 \text{ N}$$

（4）设斜杆和水平杆间的夹角为θ，则$F_3 = F_1\tan\theta$，MN距离减小，夹角θ增大，则F_3增大。

$F_2 = \dfrac{F_1}{\cos\theta}$，MN距离减小，夹角$\theta$增大，则$F_2$增大。

（5）可以采取的措施有：①尽量减小竹楼材料的质量，也就是减小压力F_1的大小。其实竹子与木头相比，质量已经少了很多了。②适当增大斜杆与水平杆间的夹角，可以有效减小两根杆的作用力。③适当降低竹楼的高度，使竹楼更稳固。

（三）其他小组研究性学习的成果

第一小组：侗族的风雨桥

侗寨大多建在河溪两旁，人们跨水而居，因此，侗寨就出现了石拱桥、石板桥、竹篾桥等，而最富民族特色的便是风雨桥。风雨桥又称花桥，因桥上建有廊和亭，既可行人，又可避风雨，故称风雨桥，风雨桥是侗族建筑中最具特色的民间建筑之一。在贵州、广西的侗乡，有许多久负盛名的风雨桥。这些兴盛于汉末至唐代的古建筑，结构严谨，造型独特，极富民族气质。整座建筑不用一钉一铆和其他铁件，皆以质地耐力的杉木凿榫衔接，拔地而起。风雨桥多是伸臂木梁桥，其结构分桥墩、桥身为主的两部分。墩底用生松木铺垫，用油灰沾合料石砌成菱形墩座，上铺放数层并排巨杉圆木，再铺木板作桥面，桥面上盖起瓦顶长廊桥身。桥身为四柱抬楼式建筑，桥顶建造数个高出桥身的瓦顶数层飞檐起角楼亭，美丽、壮观。五个石墩上各筑有宝塔形和宫殿形的桥亭，逶迤交错，气势雄浑。长廊和楼亭的瓦檐头均有雕刻绘画，人物、山水、花、兽类色泽鲜艳，栩栩如生，是侗乡人民智慧的结晶，也是中国木建筑中的艺术珍品。

第二小组：土家族的吊脚楼

吊脚楼为土家族人居住生活的场所，多依山就势而建，依山傍水，面向田野，前景开阔，采光也好。依山的吊脚楼，在平地上用木柱撑起分上下两层，上层通风、干燥、防潮，是居室；下层为木楼柱脚，多用竹片、木板镶拼为墙，可作畜厩，或堆放农具、柴火、杂物。有的还有阁楼及附属建筑。吊脚楼也叫干栏式木楼，有半干栏式和全干栏式两种。吊脚楼为竹、木构建，正面像古色古香瓦楼房，两翼有飞檐走廊，支柱用竹杉支撑，下层空着，只见支架，谓之吊脚楼。最基本的特点是正屋建在实地上，厢房除一边靠在实地和正房相连，其余三边皆悬空，靠柱子支撑。吊脚楼有很多好处，高悬地面既通风干燥，又能防毒蛇、野兽，楼板下还可放杂物。有的吊脚楼为三层建筑，除了屋顶盖瓦以外，上上下下全部用杉木建造。屋柱用大杉木凿眼，柱与柱之间用大小不一的杉木斜穿直套连在一起，尽管不用一个铁钉也十分坚固。房子四周还有吊楼，楼檐翘角上翻如展翼欲飞。房子四壁用杉木板开槽密镶，讲究的里里外外都涂上桐油又干净又亮堂。吊脚楼的妙处，一是防潮避湿，通风干爽；二是防毒蛇、野兽的侵害，三是节约土地，造价较廉；四是悬柱之间往往留有一定的空地，可喂养家畜、堆放杂物。

第三小组：壮族的木楼

壮族木楼大致分为地楼、半边楼、吊脚楼等，一般由排柱连接而成，或四排、六排、八排、十排，或独立式、组合式。地楼，乃是地上住人，楼上装粮食；半边楼，顾名思义，一边地，一边楼，地上一般为厨房，易于防火，楼上住人；吊脚楼分三层，底层养牲口、家禽，二层住人，三层存放粮食。各类木楼设计大同小异，大门为堂屋，堂屋两边为卧房，有的还加有边房、耳房。最豪华的是由十排立柱组成的"三合院"式的吊脚楼。主楼两边伸出边楼曰耳房，或为厨房、或为杂物间、或为妇女纺织间。木楼做工讲究，间间做工精致，构造奇特，令人叹为观止。就拿六排独立式的吊脚楼来说吧，中间四排立柱一般为七根，立柱中间还有悬柱，这样跨梁之间密度适中，有效承受瓦片的压力。其中中柱一根，二柱两根，三柱两根，边柱两根。两边排柱一般由5根长短一样的立柱串连而成，之间没有悬柱。立柱中挖的洞眼和沟槽，数量大小都要经过细致的丈量和周密的计算。排柱之间用方板连接，两头挖好洞眼，用木栓扣好，形成拉力。壮族木楼通风、干燥，存放东西不易霉烂，人住在其间舒适、安全，即使发生强烈地震也不易倒塌。

（四）课后小结

我国各少数民族利用各自有利的资源和条件，充分发挥出各自的聪明才智，创造出各具民族特色的建筑，在这些精美绝伦、无与伦比的杰作中，无不体现出力学的知识在实际生产和生活当中的广泛应用。

同学们对小组合作学习的方式兴趣很浓，积极性很高，表现欲很强，都想展现出自己的聪明才智。在查阅资料的过程中，学生充分体会到我国各少数民族的聪明与智慧，这是课本上无法学习到的知识。

（五）布置作业

（1）小制作：有兴趣的同学自选一个少数民族的特色建筑，查资料，按一定比例，利用一次性筷子、废纸等废旧物品，自制一个模型，比一比看谁的模型做得最好。

（2）思考：在各少数民族的特色建筑中，都利用了哪些力学方面的知识和规律？劳动人民是如何利用力的平衡、力的合成与分解来建造这些建筑的？

第三节　达瓦孜中的力学问题分析

一、教材中的知识点[1]

本节知识点位于：普通高中课程标准实验教科书，高一年级物理第一册，第四章《物体的平衡》，必修课，第102页。

二、民族团结教育的切入点

分析达瓦孜中物体的平衡及平衡条件，进行受力分析，认识力的合成与分解，同时了解此项民族技艺。

三、教学目标

（1）通过对"达瓦孜"的介绍，让学生了解维吾尔族的传统技艺，增进对少数民族的了解，加强民族团结教育。

（2）通过例题的分析、讨论、总结，认识到物理知识、规律在生活中的应用是非常广泛的，让学生真正体会到生活中处处有物理的道理，增强学生学习物理的兴趣。

（3）提高学生综合应用力学知识和规律，分析、解决相关物理问题的能力。

四、教学设计

（一）设计思路

新疆的"达瓦孜"艺术，令学生叹为观止，特别是阿迪力两次打破世界吉尼斯记录，多次在电视、网络等媒体上出现，引起大家的广泛关注。利用同学们感兴趣的、熟悉的素材，把力学的受力分析、平衡等知识融入其中，既复习巩固了所学知识，又加深了对知识的理解和应用，同时又增进了民族团结。

（二）课堂教学实录

1. 背景资料

---

[1] 物理通报杂志社、北京教育科学研究院、北京出版社合编；《普通高中课程标准实验教科书物理1必修》，北京，教育科学出版社，2007。

"达瓦孜"是维吾尔族一种古老的传统杂技表演艺术。达瓦孜表演多在露天进行，在数十米高空的绳索或钢丝上，演员不系任何保险带，手持长约6米的平衡杆，在绳索上表演前后走动、盘腿端坐、蒙上眼睛行走、脚下踩着碟子行走、飞身跳跃等一系列惊心动魄的技艺，而演员如履平地一般，轻松自如，令观众叹为观止。

当今表演达瓦孜的明星当数新疆杂技团的空中王子阿迪力·吾守尔，他是达瓦孜表演世家的第六代传人，其家族表演达瓦孜至少已有四百多年的历史。阿迪力·吾守尔不但创造了在高空钢丝上小顶倒立、劈叉、骑独轮车、弯腰采莲等创新性的高难技巧，而且于1997年和2000年两次刷新了高空走钢丝的吉尼斯记录，成为众人关注的空中勇士。

2006年5月20日，达瓦孜经国务院批准列入第一批国家级非物质文化遗产名录。2007年6月5日，经国家文化部确定，新疆维吾尔自治区的阿迪力·吾守尔为该文化遗产项目代表性传承人，并被列入第一批国家级非物质文化遗产项目226名代表性传承人名单。

2. 例题

为方便计算，我们把阿迪力看做一个质点，已知阿迪力的体重约75kg，重力加速度取 $g = 10 \text{ m/s}^2$。右图为课本中的插图。

（1）当他单脚站立，稳定不动时，若两边的钢丝绳之间的角为 $\theta_1 = 120°$，则钢丝绳所受到的拉力是多大？

（2）若钢丝绳间的角为 $\theta_2 = 150°$，则钢丝绳所受到的拉力是多大？$\theta_3 = 170°$ 呢？

（3）阿迪力沿钢丝绳上坡时，把钢丝绳看做是一斜面，当钢丝绳与水平面间的夹角为 $\alpha = 30°$ 时，阿迪力对钢丝绳的压力和摩擦力各是多大？

（4）在阿迪力沿钢丝绳匀速上坡时，若阿迪力与钢丝绳间的动摩擦因数为0.5，假定最大静摩擦力等于滑动摩擦力，则钢丝绳与地面的最大夹角大约多大？

（5）根据以上计算结果，试讨论在架设钢丝绳时，是拉紧些好，还是拉松些好？

3. 分析与解答

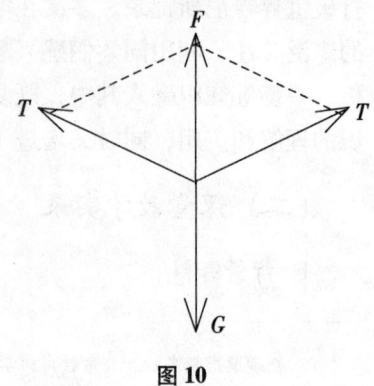

图10

（1）研究对象为阿迪力脚下钢丝绳上的那一点，受力如图 10 所示。注意，向下的力是阿迪力对钢丝绳的压力，不是重力，此压力的大小等于重力。

由力的平衡知识可得，绳的两个拉力的合力应等于重力，故：

$$T = \frac{\frac{1}{2}mg}{\cos\frac{\theta}{2}} = \frac{mg}{2\cos\frac{\theta}{2}}$$

代入数据：$T_1 = \frac{mg}{2\cos\frac{\theta_1}{2}} = \frac{75 \times 10}{2 \times \cos\frac{120}{2}}\text{N} = 750\text{N}$

可见，钢丝绳的拉力与阿迪力的重力大小相等。

（2）由上边的结论可得：

$$T_2 = \frac{mg}{2\cos\frac{\theta_2}{2}} = \frac{75 \times 10}{2 \times \cos\frac{150}{2}}\text{N} \approx 1449\text{N}$$

$$T_3 = \frac{mg}{2\cos\frac{\theta_3}{2}} = \frac{75 \times 10}{2 \times \cos\frac{150}{2}}\text{N} \approx 4303\text{N}$$

可见，当夹角变大时，绳的拉力也增大，而且增大很快，当夹角增大到一定程度时，拉力比重力大了很多。如图 11 所示。

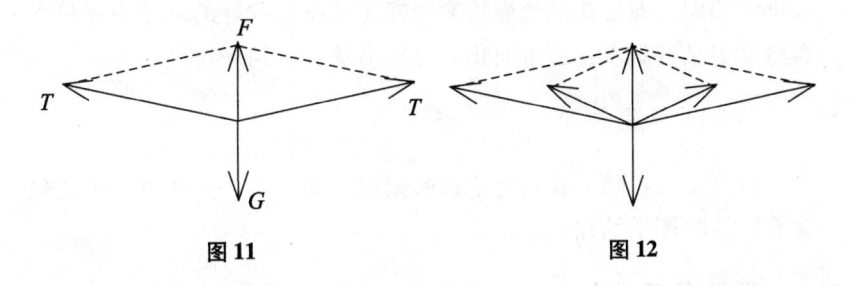

图 11

图 12

另外，用作图的方法也可以得出同样结论。在一个图中，很明显看出：当夹角增大时，绳的拉力明显增大。如右图 12。

（3）阿迪力沿钢丝绳上坡时，受力分析如图 13 所示。

静摩擦力：$f = mg\sin\alpha = 375\text{N}$

支持力：$N = mg\cos\alpha \approx 650\text{N}$

由牛顿第三定律知，压力等于支持力，大小为 650N。

（4）匀速上坡，则滑动摩擦力：$f = mg\sin\alpha$

压力（支持力）：$N = mg\cos\alpha$

由摩擦定律：$f = \mu N$

由以上三个方程联立：

$mg\sin\alpha = \mu mg\cos\alpha$

得：$\alpha = \arctan\mu = \arctan 0.5 \approx 27°$

故最大夹角约27度，若夹角过大，则阿迪力会脚下打滑，无法上坡。

（5）由以上讨论可知，在架设钢丝绳时，若钢丝绳拉得过紧，则运动员上去后，会造成钢丝绳间的夹角过大，此时拉力过大，易断，危险，因此不宜过紧。若钢丝绳拉得过松，则会造成运动员上去后，钢丝绳间的夹角较小，一根钢丝绳与水平面间的夹角过大，坡度较大，运动员不易上去，容易因脚下打滑而出现危险。因此，架设钢丝绳时，既不能太紧，也不能太松，实际操作中，应根据实际情况综合考虑，反复实验、调整才能最终确定。

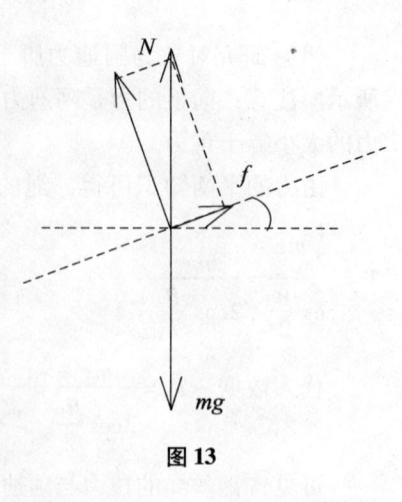

图13

（三）课后小结

在惊险刺激的维吾尔"达瓦孜"的表演中，不仅包含着丰富的物理学知识，而且在钢丝绳拉紧些好还是拉松些好的问题中还包含着辩证主义的观点：适可而止、过犹不及、恰到好处。

（四）布置作业

讨论交流：除了我们讨论过的知识之外，在"达瓦孜"中还包含有哪些物理学的知识？

五、参考文献

（1）网站：http：//baike.baidu.com/view/246568.htm

第四节　达坂城的风力发电厂

一、教材中的知识点[1]

本节知识点位于：普通高中课程标准实验教科书，高一年级物理第二册，第四章《机械能和能源》，第 6 节《能源的开发与利用》，必修课，第 79 页。

二、民族团结教育的切入点

我国的风能资源及风力发电的优势及现状。

三、教学目标

（1）使学生了解除煤、石油之外的新能源，认识到风能也是一种能源，而且是一种清洁、无污染、可再生的优质资源。

（2）介绍新疆达坂城风力发电厂的基本情况，以点带面，使学生对我国风力发电状况有一个基本的了解。

（3）让学生明白，我国的资源分布不均，各民族只有互通有无、互相帮助，才能过上幸福美好的新生活。

四、教学设计

（一）设计思路

本校各班中均有相当一部分来自新疆的学生，不少学生对家乡的情况还是比较了解的，老师便提前让部分学生做了一些调查工作。同学们对于调查汇报自己家乡的情况，热情非常高，查阅了大量的资料，并且做了分析、归纳和整理。课堂上两个小组共八名学生向同学们介绍了他们的调查结果。

（二）课堂教学实录

1. 达坂城风力发电厂简介

1985 年，新疆开始了风力发电的研究、试验和推广工作。1986

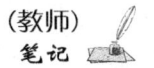

---

[1] 物理通报杂志社、北京教育科学研究院、北京出版社合编；《普通高中课程标准实验教科书物理 2 必修》，北京，教育科学出版社，2007。

年，新疆从丹麦引进的第一台风力发电机，在柴窝堡湖边高高竖起，并试运行成功，为新疆风能资源的开发和利用奠定了基础。1988年，在丹麦政府赠款的帮助下，新疆完成了达坂城风力发电厂第一期工程。它是新疆维吾尔自治区最早的风力发电厂，也是全国规模开发风能最早的实验场。1989年10月，达坂城风力发电厂并入乌鲁木齐电网发电，当时无论是单机容量和总装机容量，均居全国第一。此后，发电厂不断扩大，1996年德国政府对达坂城风力发电厂实施了技术加资金的扩建援助。1998年6月16日达坂城风力发电厂国产风机投产且并网发电，到目前为止，其风机国产化率已达50%以上。

风能是一种开发中的洁净、环保能源，它分布广泛、就地可取，取之不尽、用之不竭，周而复始、可以再生。对保护生态、减少环境污染、改善电源结构，有着广泛的社会效益和经济效益，因此，它的开发和利用已被世界很多国家所重视。

新疆是中国风力资源最丰富的地区之一，每年风蕴藏量为9127亿千瓦。而昔日丝路重镇、以一曲《达坂城的姑娘》名扬海内外的达坂城地区，是目前新疆九大风区中开发建设条件最好的地区。这片位于中天山和东天山之间的谷地，西北起于乌鲁木齐南郊，东南至达坂城山口，是南北疆的气流通道，年平均风速（30米高度）约8.2米/秒，可安装风力发电机的面积在1000平方千米以上。同时，风速分布较为平均，破坏性风速和不可利用风速极少发生，一年内，12个月均可开机发电。据测算，达坂城风力发电厂年风能蕴藏量为250亿千瓦时，可利用总电能为75亿千瓦时，可装机容量为2500兆瓦。截至2006年，这里安装有200台风车，总装机容量为12.5万千瓦，单机1200千瓦，年发电量为1800万瓦。新疆达板城风电厂是中国第一个大型风电厂，也是亚洲最大的风力发电站。

在达坂城三葛村庄建成的达坂城风电一场，截至2006年底装机容量达3.9万千瓦。位于达坂城柴窝堡的达坂城风电二场，至2006年底，装机容量达8.28万千瓦。2006年12月15日，达坂城风电三场2.25万千瓦（30台金风750千瓦风电机组）全部顺利并网发电，使新疆达坂城风电场运行装机容量已达14.28万千瓦。

每个风力发电风车价值200万，内部有复杂的计算机控制系统，传入风车的动能50%能转化为电能。1年365天，达坂城的风车能转340天。

2. 我国风力发电的现状及存在的问题

风力发电正在世界上形成一股热潮，在芬兰、丹麦等国家很流行；我国风能资源十分丰富，因此也在大力发展风电技术及应用。

风电包括离网运行的小型风力发电机组和大型并网风力发电机组，技术已基本成熟。到2006年底，全国已建成约90个风电场，已经建成并网发电的风场主要分布在新疆、内蒙古、广东、浙江、河北、辽宁等16个省区，装机总容量达到约260万千瓦。

但我国风力发电还存在种种不足。

首先，我国对风能资源的普查、评价、规划管理严重滞后，资源分散，缺少整合，没有形成全国统一的国家级风电产业研发机构，缺少对产业资源的集中和整合。

其次，单位千瓦造价高，影响电网并网发电的积极性。我国起初建设的风电，造价大约为9000～10000元/千瓦，后来部分国产化以后，造价降到大约为7000元/千瓦。相比火电平均4500元/千瓦的造价，风电平均每8000～9000元/千瓦，平均造价高于火电。在单价上，火电平均电价0.36元/千瓦时，风电平均电价为0.56元/千瓦时。

最后，目前风电市场及其产业化基本上没有形成，风电机组和系统设计技术、设备性能、效率以及技术工艺水平与欧洲相比存在很大差距。国产风电关键部件，如液压系统、联合器、电控等可靠性差，技术不够成熟。

风力发电具有诸多优势，如不需要燃料、不占耕地、没有污染及运行成本低等。风力发电没有燃料问题，也不会产生辐射或空气污染。我国风能资源十分丰富，而且风能又是一种干净的可再生能源，因此风力发电产业发展前景非常广阔。

为了推动并网风电的商业化发展，2003年9月国家发改委明确提出我国风电发展的规划目标：2005年全国风电装机容量达到100万千瓦；2010年全国风电装机容量达到400万千瓦；2015年全国风电装机容量达到1000万千瓦；2020年全国风电装机容量达到2000万千瓦，占全国总装机容量的2%左右。这就意味着2010—2015年，年平均装机容量需达到近120万千瓦，2015—2020年，年平均装机容量需达到近200万千瓦。可以预计，我国即将成为世界风电发展最令人瞩目的国家之一。

(教师)笔记

图14 达坂城风车田（2005年7月12日 张晓摄）

（三）课堂练习

风能将成为21世纪大规模开发的一种可再生清洁能源。风力发电机是将风能（气流的动能）转化为电能的装置，其主要部件包括风轮机、齿轮箱、发电机等。如图15所示。

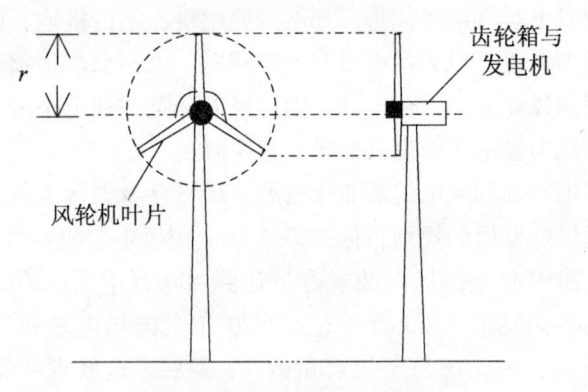

图15 风力发电机组示意图

（1）利用总电阻 $R=10\Omega$ 的线路向外输送风力发电机产生的电能。输送功率 $P_0=300\text{kW}$，输电电压 $U=10\text{kV}$，求导线上损失的功率与输送功率的比值。

（2）风轮机叶片旋转所扫过的面积为风力发电机可接受风能的

面积。设空气密度为 p，气流速度为 v，风轮机叶片长度为 r。求单位时间内流向风轮机的最大风能 P_m；在风速和叶片数确定的情况下，要提高风轮机单位时间接受的风能，简述可采取的措施。

（3）已知风力发电机的输出电功率 P 与 P_m 成正比。某风力发电机的风速 $v_1 = 9m/s$ 时能够输出电功率 $P_1 = 540kW$。我国某地区风速不低于 $v_2 = 6m/s$ 的时间每年约为 5000 小时，试估算这台风力发电机在该地区的最小年发电量是多少千瓦时。

（四）课堂讲解

（1）导线上损失的功率为：

$$p = I^2 R = (\frac{P_0}{U})^2 R = (\frac{300 \times 10^3}{10 \times 10^3})^2 \times 10W = 9kW;$$

损失的功率与输送功率的比值：$\frac{P}{P_0} = \frac{9 \times 10^3}{300 \times 10^3} = 0.03$；

（2）风垂直流向风轮机时，提供的风能功率最大；

单位时间内垂直流向叶片旋转面积的气体质量为：$m = pvS$，$S = \pi r^2$；

风能的最大功率可表示为 $P_m = \frac{1}{2}(pvS)v^2 = \frac{1}{2}p\pi r^2 v^3$；采取措施合理，如增加风轮机叶片长度、安装调向装置保持风轮机正面迎风等，就可以提高单位时间接受的风能。

（3）按题意，$P \propto P_m \propto v^3$，风力发电机的输出功率为：

$$P_2 = (\frac{v_2}{v_1})^3 \cdot P_1 = (\frac{6}{9})^3 \times 540kW = 160kW;$$

最小年发电量约为：$W = P_2 t = 160 \times 5000 \ kW \cdot h = 8 \times 10^5 \ kW \cdot h$。

五、教学反思

大多数同学也许只知道达坂城有一个很有名的风力发电厂，而不知道风力发电的重要意义，也不清楚我国风力发电厂的发展状况，所以很有必要让学生了解一下我国的风力发电状况，让学生明白我国的风力发电现状还不容乐观，还需要很长的路要走，激发学生努力学习建设祖国的美好愿望。

潞河中学承担了内地高中新疆班的任务，在每一个班里大约有七八名新疆的学生，他们的学习基础和内地学生有差距，因此教师们通过各种方法提高他们的学习积极性和自信心。对于在课堂上讨

(教师)笔记

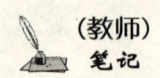

论家乡的事情,他们热情非常高。布置任务后,新疆的同学非常积极地搜集了大量的资料,精心整理,还制作了PPT课件。在这个过程中,学生学到的绝不仅仅是课本上的知识。

第二章 高二年级

第一节 我国古代对磁现象的研究

一、教材中的知识点[①]

本节知识点位于：普通高中课程标准实验教科书，《物理》选修3-1，第三章《磁场》，第1节《磁现象 磁场》，第82页。

二、民族团结教育的切入点

我国古代各民族先民对磁现象的研究成果。

三、教学目标

(1) 使学生了解我国古代对磁现象的研究情况和成果。
(2) 激发学生的民族自尊心和自豪感。

四、教学设计

（一）引入

教师：你所知道的我国古代在磁现象方面有哪些成就？有哪些领先世界的成果吗？

学生：我国四大发明之一的指南针，其对磁现象的利用比欧洲

---

① 物理通报杂志社、北京教育科学研究院、北京出版社合编：《普通高中课程标准实验教科书物理选修3-1》，北京，教育科学出版社，2006。

早几百年。

教师：你从书上、网上、生活中或其他渠道，知道哪些有关磁现象的事情？

学生：秦始皇用磁石建造大门防刺客、诸葛亮利用磁铁的指向性建造指南车，等等。

（二）课堂教学实录

1. 磁石的吸铁性及其应用

我国是对磁现象认识最早的国家之一。

（1）公元前4世纪左右成书的《管子》中就有"上有慈石者，其下有铜金"的记载，这是关于磁的最早记载。该记载说明当时人们利用磁石的特性帮助探矿。

（2）类似的记载，在其后的《吕氏春秋》中也可以找到："慈石召铁，或引之也。"东汉高诱在《吕氏春秋注》中谈到："石，铁之母也。以有慈石，故能引其子。石之不慈者，亦不能引也。"这是古籍中开始纪录人们认识到磁石可以吸铁的特性了。有意思的是，古人认为磁石是铁的母亲，而磁石一词在许多国家的语言中，也都含有慈爱之意。

（3）我国古代典籍中也记载了一些磁石吸铁和同极相斥的应用事例。

例如《史记·封禅书》记载汉武帝命方士栾大用磁石做成的棋子"自相触击"；而《椎南万毕术》（西汉刘安）还有"取鸡血与针磨捣之，以和磁石，用涂棋头，曝干之，置局上则相拒不休"的详细记载。这些记载表明古代人们已经认识和开始利用磁石同极相斥的特性。

南北朝（512—518年）的《水经注》（郦道元）和另一本《三辅黄图》都有秦始皇用磁石建造阿房宫北阙门，"有隐甲怀刃入门"者就会被查出的记载。《晋书·马隆传》的故事可供参考：相传3世纪时智勇双全的马隆在一次战役中，命士兵将大批磁石堆垒在一条狭窄的小路上。身穿铁甲的敌军个个都被磁石吸住，而马隆的兵将身穿犀甲，行动如常。敌军以为马隆的兵是神兵，故而大败（"夹道累磁石，贼负铁铠，行不得前，隆卒悉被犀甲，无所溜碍"）。这说明人们发现和开始利用磁石的吸铁特性。

（4）古代，还常常将磁石用于医疗。《史记》中有用"五石散"内服治病的记载，磁石就是五石之一。晋代有用磁石吸出体内铁针的病案。到了宋代，有人把磁石放在耳内，口含铁块，因而治愈耳聋。

（5）磁石只能吸铁，而不能吸金、银、铜等其他金属，也早为我国古人所知。《淮南子》中有"慈石能吸铁，及其于铜则不通矣"，"慈石之能连铁也，而求其引瓦，则难矣"。

2. 磁石的指向性及其应用

（1）利用指向性制作司南

在我国很早就发现了磁石的指向性，并制出了指向仪器——司南。《鬼谷子》中有"郑子取玉，必载司南，为其不惑也"的记载。稍后的《韩非子》中有"故先王立司南，以端朝夕"的记载。东汉王充在《论衡》中记有"司南之杓，投之于地，其柢指南"。

（2）制作指南车和指南鱼

起初的司南，指向性较差，后来人们开始制作指南车和指南鱼，其制作方法日趋复杂，而指向性得到极大提高。北宋时曾公亮与丁度（990—1053年）编撰的《武经总要》（1044年）在前集卷十五记载了指南鱼的使用及其制作方法："若遇天景噎（阴暗）霾，夜色瞑黑，又不能辨方向……出指南车或指南鱼，以辨所向……鱼法，用薄铁叶剪裁，长二寸阔五分，首尾锐如鱼形，置炭中烧之，候通赤，以铁钤钤鱼首出火，以尾正对子位，蘸水盆中，没尾数分则止，以密器收之。用时置水碗于无风处，平放鱼在水面令浮，其首常南向午也。"需要特别指出的是，这里极为清晰地论述了热退磁现象的应用。还应注意到，"钤鱼首出火"时"没尾数分"，鱼呈倾斜状，此举使鱼体更接近地磁场方向，磁化效果会更好。

（3）制作指南针并用于航海

从司南到指南鱼，指向性得到了提升，但在使用上仍多有不便，其后，人们开始制作指南针。我国古籍中，关于指南针的最早记载，始见于沈括的《梦溪笔谈》。并且由于对指南针的研究，沈括最先发现了磁偏现象，"常微偏东，不全南也"。

南宋时，陈元靓在《事林广记》中记述了将指南龟支在钉尖上。由水浮改为支撑，对于指南仪器这是在结构上的一次较大改进，为将指南针用于航海提供了方便条件。

指南针用于航海的记录，最早见于宋代朱彧（yù）的《萍洲可谈》："舟师识地理，夜则观星，昼则观日，阴晦观指南针。"以后，关于指南针的记载逐渐多了起来。到了明代，遂有郑和下西洋，远洋航行到非洲东海岸之壮举。

西方关于指南针航海的记载，是在1207年英国纳肯（A. Neckam，1157—1217年）的《论器具》中。

3. 其他与磁有关的自然现象

极光源于宇宙中的高能荷电粒子，它们在地磁场作用下折向南北极地区，与高空中的气体分子、原子碰撞，使分子、原子激发而发光。我国研究人员在历代古籍中业已发现，自公元前2000年到公元1751年，有关极光记载达474次。在公元1~10世纪的180余次记载中，有确切日期的达140次之多。在西方最早记载极光的，当推亚里士多德，他称极光为"天上的裂缝"。"极光"这一名称，始于法国哲学家伽桑迪。

太阳黑子，也是一种磁现象。在欧洲人还一直认为太阳是完美无缺的天体时，我国先人早已发现了太阳黑子。根据我国研究人员搜集与整理，自公元前165—公元1643年（明崇祯十六年）史书中观测黑子记录为127次。这些古代观测资料为今人研究太阳活动提供了极为珍贵、翔实可靠的资料。

五、教学反思

我国古代各民族先民在磁学方面研究颇深，理论和实践方面成果颇多。在应用方面，不仅应用在生活和生产中，在军事、医学、航海等方面都有重要的应用，中国在世界科学发展史上的贡献是独一无二的，有着举足轻重的作用。在这方面，充分体现了我国古代各族人民的勤劳和智慧。

以前的教学中，按教材的内容和要求组织教学，学生对这部分内容缺乏足够的热情，当加入了以上内容后，学生直呼"太了不起了"，达到了意想不到的效果。

第二节 我国电能的输送

一、教材中的知识点[①]

本节知识点位于：普通高中课程标准实验教科书，《物理》选

---

① 物理通报杂志社、北京教育科学研究院、北京出版社合编：《普通高中课程标准实验教科书 物理 选修3-2》，北京，教育科学出版社，2006。

修3-2，第二章《交变电流》，第7节《电能的输送》，第57页。

二、民族团结教育的切入点

我国能量资源分布很不平衡，新疆、内蒙古等少数民族聚居地区有着丰富的风力资源，山西等地有着丰富的煤炭资源，而我国能量消费较大的地区多在北京、上海等大中城市及东部沿海地区，因此远距离送电的必要性就不言而喻了。

三、教学目标

（1）使学生大致了解我国的电力资源分布情况及用电量较大的地区，理解远距离送电的必要性。

（2）增强学生的民族团结意识。

四、教学设计

（一）设计思路

这部分内容学生理解起来比较容易，但对于我国的电力生产和消费情况不一定很清楚，对于远距离输电的必要性理解不是很深刻，这将影响对后续内容的理解和掌握。我们让部分学生组成研究小组，在课前搜集整理一些相关资料，在课堂上汇报研究成果，大家一起讨论、交流，相互学习，教师适当引导，加深对所学知识的理解，同时增进各民族的团结。

（二）课堂教学实录

教师：你知道我们国家现在的生活和生产用到的电力，主要是由哪种方式生产的？是利用煤进行火力发电，还是靠风力、水力发电？

学生：我国电力工业在新中国成立后的几十年建设中得到了高速发展，并为国民经济的发展做出了巨大贡献。年发电量从1949年43.1亿千瓦时增长到1997年的11342亿千瓦时，增长了263倍，平均年增长率12.3%。相应地，装机容量从1949年的185万千瓦发展到1997年的25424万千瓦，增长了137.4倍，平均年增长率10.8%。

我国电力资源是非常典型的以火电为主的生产结构，而且火电比重还有进一步上升的趋势。1985年我国火电生产量占电力生产总量的78%，水电占22%，到2000年，火电生产量占电力生产总量的82%，水电占16%，风电、核电等新能源发电仅占2%左右。在空间布局上，以火电为主的电力资源结构在山东电网、东北电网、华北电网、华东电网和新疆电网尤为明显，在西北电网、西藏电网、四川电网和南方互联区，由于水力资源丰富，水电装机容量相对较高。

教师：有谁知道我国的电力消费情况是怎样的？

学生：我国电力生产和消费与各地区经济发展情况密切相关，经济发展快、经济总量大的地区其发电量和用电量也大，反之则用电量愈小。2000年东部地区的电力消费量为6449.83×108千瓦时，占全国电力消费的56.07%，西部地区的电力消费仅为1940.67×108千瓦时，占全国电力消费的16.87%，中部地区的电力消费为3112.87×108千瓦时，占全国电力消费的27.06%，中部地区和西部地区电力消费之和还没有东部地区的电力消费多。

我国的电力消费主力集中在沿海地区以及华北、四川两大区域。其中山东、广东、江苏、辽宁、河北、河南、四川等七省用电量就占全国用电量的45%。就全国而言，由于资源、人口分布和经济发达程度不同，必然造成某些地区电力的供需缺口。电力相对富裕的省份依次为内蒙古、山西、湖北、云南、广东等地。广东的情况比较特殊，该省相当一部分电力输送给香港，结果使本省电力并不富裕。随着经济的发展，该省逐步加大了从云南、贵州等省的购电比例。电力相对紧缺的省份依次为北京、天津、广西、浙江、辽宁、福建等地。北京由于其特殊的政治经济原因，目前的用电量50%需从外地购进。

教师：有谁知道我们国家的"西电东送"是怎么回事？

学生："西电东送"是国家实施西部大开发战略作出的重大决策和标志性工程，也是西部大开发的骨干工程。"西电东送"指开发贵州、云南、广西、四川、内蒙古、山西、陕西等西部省区的电力资源，将其输送到电力紧缺的广东、上海、江苏、浙江和京、津、唐地区。该项工程将把西部丰富的资源优势转化为经济优势，充分利用西部地区得天独厚的自然资源，获得西部大开发所急需的启动资金，也为东部地区提供清洁、优质、可靠、廉价的电力，促进东部地区经济发展。西电东送是国家实施西部大开发战略作出的重大决策，不仅能够实现优势互补，把西部的资源优势切实转化为经济优势，缩小东西部差距，还能够有效带动相关产业的发展，拉动内需。同时西部清洁、优质、廉价的电力可以有效地促进东部的发展和环境的改善。可以说，西电东送是一项"双赢"的战略选择。

五、教学反思

通过大量的数据和事实，让学生充分理解电能输送的必要性。在我们国家，电力生产主要在西部，电力的消费主要在东部，电能必须经过长距离的输送，在输送的过程中，电能的损失是不可避免的，如何才能有效地减少电能的损失呢？采用高压输电就可以很好地减少电能的损失。这一系列问题的提出和解决，关键是第一个问题的提出，即电能为什么要远距离输送，理解远距离输电的必要性对掌握本章内容十分重要。

六、参考文献

(1) 贾若祥、刘毅：《中国电力资源结构及空间布局优化研究》，载《资源科学》，2003（4）。

(2) 周小谦：《我国电力工业的发展》，载《科技导报》，1995（7）。

第三章 高三年级

第一节 荡秋千

一、教材中的知识点[1]

本节知识点位于：普通高中课程标准实验教科书，《物理》选修3-4，第一章《机械振动》，第2节《单摆》，第6页。

二、民族团结教育的切入点

荡秋千是一种非常普及的游戏项目，用物理中理想化的方法进行分析处理，荡秋千其实就可以简化为单摆模型，通过对荡秋千的分析，可以加深学生对单摆模型的理解。

三、教学目标

（1）通过对荡秋千活动的历史发展过程的探究，了解我国各民族荡秋千活动的发展、特点、区别，增进对各民族的进一步了解。

（2）加强理论联系实际，学会用物理中所学的知识和规律分析、认识荡秋千运动中蕴含的物理知识。

（3）通过适当的练习加强学生应用物理知识、事物的能力，学以致用，提高学生综合分析、解决实际问题的能力。

---

[1] 物理通报杂志社、北京教育科学研究院、北京出版社合编：《普通高中课程标准实验教科书物理选修3-4》，北京，教育科学出版社，2006。

四、教学设计

（一）课堂导入

教师：请大家欣赏一首轻松欢快、旋律优美的歌曲。

歌词是这样的：

姐妹们呀，打呀秋千，秋千晃来又晃去呀，
来来去去响叮当啊咿呀。
姐妹们呀，打呀秋千，秋千晃得高又高呀，
花裙飘飘在云间啊咿呀。
姐妹们呀，心呀喜欢，秋千晃得快又快呀，
就像春燕上了天啊咿呀。
姐妹们呀，心呀喜欢，秋千晃得快又快呀，
就像春燕上了天啊咿呀。

教师：有谁知道这是我国哪个少数民族的民歌？叫什么名字？

学生：这首歌曲的名字叫《打秋千》，是一首仡佬族民歌。仡佬族是我国云贵高原中部一个古老的少数民族，大部分散居在贵州省的西北、西南和北部。仡佬族民间流传着许多民歌，他们的生活也几乎时时刻刻伴随着音乐。打秋千是仡佬族的传统游戏。

（二）课堂教学实录

1. 荡秋千的起源

荡秋千，也叫打秋千，它是中华大地上很多民族共有的游艺竞技项目。文献记载，它源自先秦。《古今艺术图》上说："此（荡秋千）北方山戎之戏，以习轻（敏捷）者。"山戎是古代北方的一个少数民族，秋千原是其进行军事训练的工具。春秋五霸之首的齐桓公带兵打败山戎后，将其国土划归燕国，秋千也随之向南流传，后来逐渐演变成游戏的一种。

打秋千日后主要为宫中、闺中女子的游戏或传统节日广场狂欢内容。汉武帝时宫中盛行荡秋千，唐人高无际《汉武帝后庭秋千赋》云:"秋千者,千秋也。汉武祈千秋之寿,故后宫多秋千之乐。"荡秋千在当时主要是为了强身健体。唐代宫廷把荡秋千称为"半仙戏",五代王仁裕在其笔记《开元天宝遗事》中说:"天宝宫中,至寒食节,竞竖秋千,令宫嫔辈戏笑以为宴乐。帝呼为半仙之戏,都中市民因而呼之。"

根据中国古典文学中的描写,打秋千多是大家闺秀抑或富贵人家千金游戏项目,后来逐渐演变为民间一大游乐项目,成为民俗之一。传说,打秋千一方面可"摆疥"(医治疾病),另一方面可以"释闺闷"(闺房解闷)。

2. 例题讲解

以下为北京市海淀区2011年第二学期期末试题反馈卷,23题。

荡秋千,也叫"打秋千",是朝鲜族妇女喜爱的民间游戏。每逢节日聚会,人们便会看到成群结队的朝鲜族妇女,身穿鲜艳的民族服装,在人们的欢呼、叫好声中荡起了秋千,她们一会腾空而起,一会俯冲而下,尽情地欢乐,长长的裙子随风飘舞,大有飘飘欲仙之感。

在朝鲜族少女"长今"打秋千的图景中(示意图如图16),设秋千摆绳长为3.0m,悬点在大树上,长今连同底板的质量共为60kg。开始时,长今坐在秋千上,在外力的作用下,摆绳与竖直方向成37°角处于静止状态。某时刻外力撤掉,让秋千由静止开始摆动,假设摆动过程中,长今与底板始终没有相对运动。取 $g = 10m/s^2$,$\sin37° = 0.6$,$\cos37° = 0.8$。

(1)秋千静止时所施加的最小外力是多少?

(2)若秋千第一次摆动到最低点时摆线的拉力为780N,那么长今和秋千在从最高点摆到最低点的过程中克服阻力做的功是多少?

(3)长今发现,自己所坐的秋千越荡越低,可她却看到别人的秋千能够越荡越高,她不知为什么会是这样,你能给她解释:①为什么她的秋千越荡越低吗?②她怎样做才能像别人那样在不借助外力的情况下把秋千越荡越高?

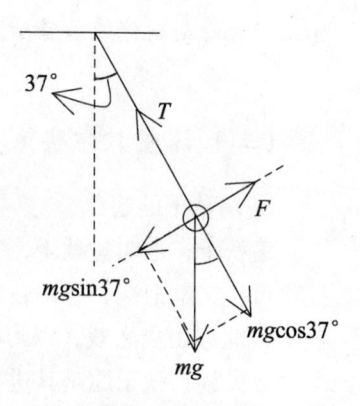

图16 受力分析图

解析:(1)将长今和秋千看做一个质点,受力分析如图16,

质点处于静止状态,受力平衡,最小的外力的方向应与绳垂直,则有:$F = mg\sin37°$,代入数据得:$F = 360\text{N}$;

(2)在最低点,由向心力公式:$T - mg = m\dfrac{v^2}{L}$,

代入数据得:$v = 3.0 \text{ m/s}$,

由最高点摆至最低点的过程中,由动能定理:

$mgL(1 - \cos37°) - W_f = \dfrac{1}{2}mv^2 - 0$,

代入数据得:$W_f = 90 \text{ J}$;

(3)①在她荡秋千的过程中,阻力总是做负功,系统的机械能一直减少,所以越荡越低;②在秋千由最高点荡到最低点的过程中,人由站立缓缓下蹲,降低自己的重心;当秋千到最高点时,迅速由下蹲到站立,提升自己的重心,用人工的方法增加系统的机械能,就可以把秋千越荡越高。

3. 我国少数民族荡秋千的传统

(1)朝鲜族

朝鲜族妇女端午节打秋千的风俗由来已久,此风俗形成于朝鲜半岛,至少也有一千多年的历史了。清朝中后期,原居朝鲜半岛的一部分朝鲜族居民迁徙至鸭绿江、图们江北岸的东北边陲时,把这一风俗也带到了中国。

凡朝鲜族聚居的地方,多半都选择端午节举行秋千赛。秋千赛分单人赛和双人赛。打秋千,古称"空技"、"滚翻",顾名思义,"空技"就是空中技巧,"滚翻"就是凌空高翻的动作。当她们跃上秋千高高地悠上蓝天时,婉丽的身姿轻盈如云雀穿云,五彩的衣裙似蝶如筝扶摇而上,秋千架后面高高地吊挂着铜铃,比赛规则规定,谁踢响铃铛的次数多谁就是赢家。每当比赛,欢呼声和铃声响成一片。

(2)普米族

打秋千是普米族的主要民间体育运动之一,也是在过大年等节日时进行的主要项目之一。

普米族的打秋千,在形式上与其他民族类似,但是其秋千架很有特色。普米族人把六根长干木料分成两组,每组三根,并分别用竹篾绳拴住一头,竖起来后叉开,形成两个三角支架,中间横搭一根木料,上面拴一根长篾绳套,人就站在绳套上,两手抓住身体两边的篾绳开始荡秋千。

(教师)笔记

普米族是一个历史悠久的民族,起源于古代祁连山一带的羌人。据 2000 年云南省第五次人口普查统计,普米族有 3.3 万人。占云南少数民族总人口的 0.233%。由于历史的原因,普米族人居住较为分散。主要居住在云南西北高原的兰坪老君山和宁蒗的牦牛山麓;少数分布于丽江、永胜、维西、中甸以及四川的盐源、木里等地,与汉、白、纳西、藏等民族交错杂居。普米族分布特点为大分散,小集中。

五、教学反思

单摆模型是物理中的一种理想模型,是实际的单摆经过合理的抽象后,概括出来的一个实际上并不存在的物理过程。这也体现了物理中常用的理想化的方法。一开始学生对单摆的理解还不是很深入。而对于荡秋千,学生太熟悉了,几乎每人都玩过。本节课对荡秋千中涉及的物理问题进行剖析、讨论,然后对例题做了分析、解答,加深了学生对单摆的理解,加强了理论与实际的联系。这样的教学增强了趣味性,提高了学生学习的积极性和主动性;同时,增进了同学们对我国少数民族的了解,有利于增进民族团结。

六、参考文献

(1) 新浪体育:《普米族:起源于祁连山的古老民族过大年时打秋千》,2007 年 06 月 04 日, http://2008.sina.com.cn/hd/other/2007-06-04/202213864.shtml。

(2) 朴尚春:《朝鲜族妇女端午节打秋千的风俗由来》,载《寻根》,2010 (2)。

第二节 我国古代对光现象的研究

一、教材中的知识点[1]

本节知识点位于:普通高中课程标准实验教科书,《物理》选修 3-4,第四章《光的折射》。

---

[1] 物理通报杂志社、北京教育科学研究院、北京出版社合编:《普通高中课程标准实验教科书物理选修 3-4》,北京,教育科学出版社,2006。

二、民族团结教育的切入点

我国古代对光现象的研究情况及成果。

三、教学目标

(1) 使学生了解我国古代对光现象的研究情况和成果，知道我国各族先民对科学展所做出的突出贡献，体会中华各族人民的聪明和才智。

(2) 激发学生的民族自尊心和自豪感。

四、教学设计

(一) 引入

课前组织学生讨论：我国古代在光学研究方面有哪些值得骄傲的成就？你都知道些什么？

(二) 课堂教学实录

1. 《墨经》中的光学知识

关于光学知识的记载以《墨经·经下》中的八条（16至23）最为系统。其内容涉及影子生成的原理、本影和半影、由物体与光源的相对位置确定影子的大小、光的直线传播实验、光的反射性和平面镜成像、凹面镜成像、凸面镜成像等。它已触及了几何光学很大一部分内容，从时间上看要比古希腊欧几里德注《反射光学》早一百多年，所以，《墨经》中的光学条文，不仅是我国最早的光学著作，也是世界古代科技史上难得的比较全面的光学著作。

《墨经》是战国时期墨家著作的总集《墨子》中的一部分。计有《经上》、《经下》和《经说上》、《经说下》4篇共180条左右。《经说》是对《经》的解释或补充。有人认为《墨经》是后期墨家的著作，也有人认为《经》是墨家创始人墨翟主持编定或自著，《经说》则为其弟子们所著录。

《墨经》的内容中逻辑学方面所占的比例最大，自然科学方面次之；其中属于几何学的有十余条，专论物理方面的约二十余条，此外还有伦理、心理、政法、经济、建筑等方面的条文。

《经下》中有相互联系的8条论述了几何光学知识。首条讨论成影，说明影是光照不及所致。次条指出在两个光源之下，物体能

(教师)笔记

有两个影。第三条记录了针孔成像实验，用光线的行进去说明倒像的生成，处处体现出光的直进思想，并用箭的行进作形象的比喻，还认识到光线是从物体射出，进入人目才引起视觉。第四条记述了一个有趣的反射现象，即经反射后的日光照到人体，投在地面的人影必在日与人之间。第五条讨论了直立木杆在光源照射之下，投在地面的影子的长度大小的变化规律。第六条讨论平面镜成像的规律。第七条记载凹面镜成像的情况。《经》云："鉴洼，景（影）一小而易，一大而正，说在中之外、内。"按钱临照说，这里"中"指球面镜的中心和焦点之间的一段空间。当人从远处向镜走来，在球心之外时，见到自己缩小的倒像；走在球心和焦点之间，因像在人的背后，故无所见；过了焦点又见到自己放大的正像。这种观察是以人体、人目代替今人用灯烛、白屏的实验方法。在《经说》中与此条相应的一段，还有些难解的文句尚待探索。其中的"中"似乎是指的几何点——球心（或焦点），不论"中之外"或"中之内"，都说："近中则所鉴大，景亦大；远中则所鉴小，景亦小。"而且提出了以"中"为投影参考点的简单成像作图法。可能《经说》的作者又以另外的方法做过实验观察，因而比《经》更为精详。第八条记载了凸面镜成像的规律。

从这八条来看，头五条，首论影的成因，次述光和影的关系，第三以针孔成像论证光的直进，接着又说明光的反射，最后讨论了光、物、影三者的关系。这样，光学中的影论部分已基本具备了；后三条分别论述了平面镜、凹面镜、凸面镜的成像规律，这正是光学中像论部分的基本内容，八条合起来即为几何光学的基础。这八条的特点在于，不但其全是实验的忠实记录，极少臆想成分；而且前后连贯构成整体，次序安排合理，逻辑密严。虽只300余字，堪称为2000多年前世界上最早的系统的几何光学论述。

《墨经》的物理知识大约多源于墨家成员的手工业实践。墨翟本人就以技艺高超著称。墨家的逻辑方法也有助于科学思维的形成。

例如，第三条叙述光的直进与针孔成象。《经》曰："景到，在午有端……"《经说》曰："景：光之人，煦若射，下者之人也高，高者之人也下。足蔽下光，故成景于上……首蔽上光，故成景于下。""景"即"影"，"到"即"倒"，"端"就是"点"，"午"就是交午，指光线相交的意思。"景到，在午有端，"意思是物体（人）的影子之所以倒立，是由于针孔的缘故。《经说》指出光的照射，如同射箭一样。从人的下面射入针孔的光线达到壁的高处，而从物体的高处射入针孔的光线达到壁的下方。人足在下，蔽着下光，故足的影成于壁的上方；人头在上，蔽着上光，故头的影成于壁的下方，如图17。

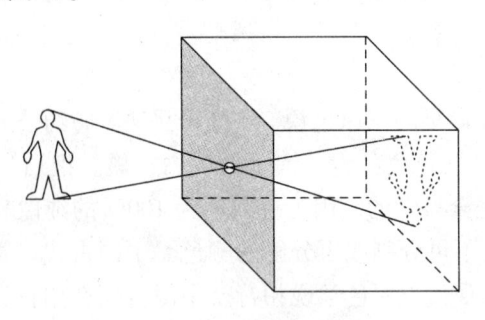

图17 针孔成像示意图

《墨经》对针孔成像已有正确的叙述，但对后世影响不大。以后，北宋沈括（1032—1096）、宋末赵友钦（13世纪）、清代郑复光（1780—？）等人发展了针孔成像的实验和理论。

沈括的《梦溪笔谈》说："阳燧照物皆倒，中间有碍故也。算家谓之'格术'。如人摇橹，臬为之碍故也。若鸢飞空中，其影随鸢而移；或中间为窗隙所束，则影与鸢遂相违，鸢东则影西，鸢西则影东。又如窗隙中楼塔之影，中间为窗所束，亦皆倒垂，与阳燧一也。阳燧面洼，以一指迫而照之则正，渐远则无所见，过此遂倒。其无所见处，正如窗隙、橹臬、腰鼓碍之，本末相格，遂成摇橹之势。故举手则影愈下，下手则影愈上，此其可见。……"臬，(niè)，指橹担，即船上支持橹的小木桩，或称橹臬。鸢（yuān），老鹰。腰鼓，指细腰鼓，两头大中央小。此条内容十分丰富，这里讨论两点：

（1）针孔成像：《梦溪笔谈》以飞鸢为例来说明，生动易懂。《梦溪笔谈》启发后人对针孔成像的继续探索，取得很大成绩。宋末赵友钦做了大规模的对比实验，区别了大孔光斑与小孔倒像，研究了孔形、物距、像距、光源强度、照度（影的浓淡）等等；清代郑复光做了一系列小孔成像实验，包括正像、模糊无像以及倒像几种情况，揭示了成像的全过程。

（2）"格术"：《梦溪笔谈》把针孔成像与凹面镜成像用"碍"这个概念联系起来，针孔（窗隙）、焦点均为"碍"，并提到"格术"，"格术"后来失传了，因沈括提到"格术"（"算家谓'格术'"），引起后世注意。郑复光认为"格"者"隔"也。针孔、凹面镜的焦点、凸透镜的焦点等等均为"格"，深入研究光线相交引起的光学现象。清代邹伯奇（1819—1869）作《格术补》，认为"格术"，就是几何光学。实际上，"本末相格"就是现代光学中的等角空间变换关系。

2. 颜色科学

（1）世界最早的三原色说。《孙子兵法》（约公元前500年成书）等书提出五正色：青、赤、黄、白、黑。把白、黑作为正色（原色），是完全科学的。因为反射率为100%的纯白和反射率为零的纯黑。都是不可分割或再分解的颜色。中国古代以青、赤、黄为三正色，亦跟现代三原色学说相符。中国古代选用青、赤、黄可说是世界上最早的三原色（YoungoHelmhotz 三原色说成于1860年）。

（2）世界最早的三色对说（Theory of Three Antagonistic Color - Pairs）。清代博明于1773年提出三色对说："五色相宣之理，以相反而相成，如白之与黑，朱之与绿，黄之与蓝，乃天地间自然之对。待深则俱深，浅则俱浅，相杂则间色生矣。"这三色对说是世界最早的（Herling 于1874年提出三色对说）。博明还提出负后象（Negative afterimage）现象。

3. 透光镜

中国西汉（公元前206—公元25年）时出现了一种"透光镜"，它的镜面反射日光照在墙壁上，会显示出镜背的图象。今日，中国已研究出几种能制成"透光镜"的方法。他们的研究是受沈括的《梦溪笔谈》的启发，《梦溪笔谈》说"文虽在背，而鉴面隐然有迹"，郑复光的《镜镜痴》已初步了解透光镜的机理。1982年上海交通大学的学者指出镜面微小曲率差异主要由于铸造残余应力形成。

总之，中国古代光学不仅开始早，而且在理论与实践上都达到很高的水平。

五、教学反思

我国古代各民族的先民们在光学方面的成就颇多，在理论和实践方面都取得了很多的成果，达到了很高的水平。这是中国作为四大文明古国之一的深厚科学积淀，也是我们作为炎黄子孙值得骄傲和自豪的地方。遗憾的是，大多数学生对此知之甚少，所以，很有必要多普及一些这方面的内容，增强学生的民族自尊心和自豪感，增强爱国主义的情感。

化 学 篇

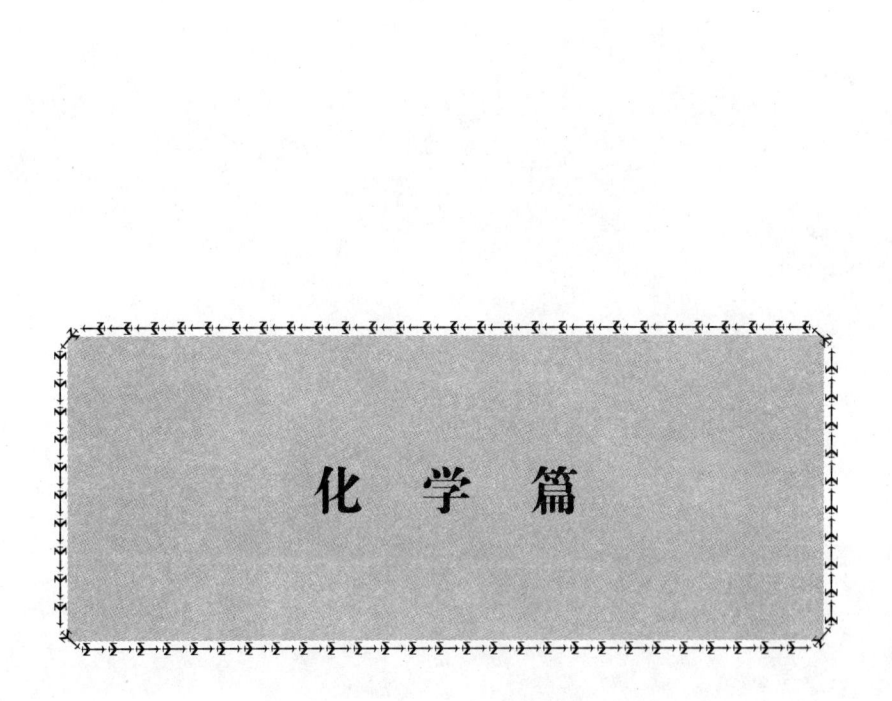

第一章 高一年级

第一节 粗盐的提纯

一、教材中的知识点[①]

本节知识点位于：普通高中课程标准实验教科书，高一年级化学必修一，第一章《从实验学习化学》，第一节《化学实验基本方法》，第一课时《混合物的分离提纯》，必修课，第4页。

二、民族团结教育的切入点

边疆地区的盐场、物产丰富，盐场制盐的过程，各民族之间的互相合作，边疆地区的科技发展。

三、教学目标

（1）知识与技能：了解制盐的过程，掌握粗盐的提纯。

（2）过程与方法：通过对制盐过程的了解，体验工业生产的一般过程，为科学探究打下坚实的基础。

（3）情感态度与价值观：进一步了解祖国地域辽阔、物产丰富的特点；深刻体会各民族的团结能够使我国各族人民生活幸福安康；激发学生投身边疆建设，为祖国建设奉献的激情。

四、教学设计

（1）引言：我国物产丰富，盐场的分布广泛。教师简略介绍各

---

① 人民教育出版社课程教材研究所、化学课程教材研究开发中心编著：《普通高中课程标准实验教科书化学必修1》，北京，人民教育出版社，2007。

个盐场,从中总结出边疆地区产盐能力很强的特点,说明各民族都在为祖国的建设贡献力量。

(2)导入正课:播放制盐的视频,学生联系初中学习的知识提出问题,共同讨论实际生产与理论学习的区别与联系。

(3)课程反思:使学生了解边疆盐场科技的发展,联系到自己的生活实际,认识到民族团结的重要性,进而升华学生的爱国主义情感和民族团结意识。可以通过学生个体展示,也可以小组讨论展示。

(4)教案展示:

教学课题:第一章从实验学习化学第一节化学实验基本方法——混合物的分离提纯
教学方法:引导实践
教学重点:粗盐的制备过程与提纯
教学难点:粗盐的制备过程与提纯
教学用具:多媒体,实验器材
教学过程

教学环节	教师活动	学生活动	设计意图
引入	展示中国盐场分布图,引导学生观察边疆少数民族地区盐场分布特点。播放视频——盐场的制盐过程。	观察:主要以内蒙古、新疆、青海和沿海为主,盐场主要分布在湖边和海边。观看:先将海水引入盐田、后在太阳照射下晒,蒸发,晚上盐田中水蒸发后,剩下粗盐。观察、分析分布特点:发现边疆地区盐场很多,规模很大。仔细观察,分析原因。	中国幅员辽阔,物产丰富。惊叹于科学的进步,深思于科学的探究。意识到民族团结的重要性。
新授课	提问:这些盐都运往什么地方?制盐的过程分为多步,而对于我们而言只知粗盐和精盐,通过我们刚才的观察,你能否提出更好的制盐和提纯方法?……	回答:全国各地,为各族人民所用。思考与讨论:1. 各个地区制盐的方法大同小异。2. 主要区别在于海边与湖边出产的粗盐中杂质不同。3. 除杂,使粗盐变成精盐的过程需要改进。……	

续表

作业	通过本节课的学习以及自己课下的搜集，总结从盐的富集到产出我们买到的精盐的工业流程，并写出自己的体会。回家后看一看家里盐袋上的产地，可能来自全国各地。说明如果没有各地区的共同发展、各民族的团结，就没有我们美好的生活、写下自己的看法。	思考回答……	激发学生学习热情，为将来为边疆建设做贡献打下良好基础……

五、教学资源

1. 可参考的视频资源

（1）《食盐资源与利用》：

http：//www.tudou.com/programs/view/Aje9fBX8O8Y

（2）《原来如此，食盐不可少》：

http：//v.youku.com/v_show/id_XMTIzMTIzODU2.html

（3）《从海水中提取食盐（海盐）》：

http：//v.ku6.com/special/show_3615805/3pIX8GO5-rrJCDrM.html

（4）《食盐》：

http：//www.tudou.com/programs/view/X8mpqvnmUr0

（5）《制取食盐晶体》：

http：//www.tudou.com/programs/view/k02fdvaavxQ

2. 可参考的文字资源

（1）全国主要省（区）盐资源分布详解：

http：//www.chinakyxx.com/minepai9.asp?id=5360

（2）中国的盐场：

http：//www.21gwy.com/wz/2201/a/1286/471286.html

第二节　最简单的有机化合物——甲烷

一、教材中的知识点[①]

本节知识点位于：普通高中课程标准实验教科书，高一年级化学必修二，第三章《有机化合物》，第一节《最简单的有机化合物——甲烷》，必修课，第60页。

二、民族团结教育的切入点

西气东输工程造福各族人民，将青海新疆等地丰富的天然气资源输送到东部地区，体现各民族、各地区之间的物质交流、科技交流、互帮互助。

三、教学目标

（1）知识与技能：了解西气东输的意义与内涵以及西气东输所需的技术支持。

（2）过程与方法：通过对西气东输的了解，掌握从微观到宏观的科研方法。

（3）情感态度与价值观：培养学生们对边疆地区的情感；进一步认识祖国幅员辽阔，物产丰富；进一步认识民族团结对个人生活的影响，对祖国建设的重要作用。

四、教学设计

1. 引言

观看西气东输的介绍视频，了解西气东输，知道它是从西到东贯穿中国的一项重要工程。教师可提出问题：西气东输工程主要运输什么气体呢？

2. 导入正课

学生思考，引导得出西气东输主要输送气体为甲烷的结论。通过对甲烷的结构、物理性质、化学性质的学习，讨论它的主要用途，进而得出结构决定性质、而性质决定用途的主要结论。

[①] 人民教育出版社课程教材研究所、化学课程教材研究开发中心编著：《普通高中课程标准实验教科书化学必修2》，北京，人民教育出版社，2007。

3. 课程反思

学生们惊叹于西气东输工程的浩大，教师在此时适时展示少数民族人民在此项工程中所做的贡献，使学生认识到只有民族团结，人们的生活才如此幸福。再通过对此项工程中所涉及到的化学知识，如腐蚀问题等，激发学生对学习化学的热情，并萌发为边疆少数民族地区做贡献的意识。可以通过学生自我思考与总结，开发学生思维。

4. 教案展示：

教学课题：第三章有机化合物 第一节最简单的有机化合物——甲烷
教学方法：观察法、讨论法、讲授法
教学重点：甲烷的性质
教学难点：甲烷的性质
教学用具：多媒体
教学过程

教学环节	教师活动	学生活动	设计意图
引入	引导学生观看视频（西气东输的介绍以及技术要求）。 提问：西气东输涉及到的化学知识。 追问：西气东输中的"气"指什么？天然气的主要成分是什么？ ……	观看视频：西部地区天然气向东部地区输送，主要是新疆塔里木盆地的天然气输往长江三角州地区。"西气东输"工程大大加快新疆地区以及中西部沿线地区的经济发展，相应增加财政收入和就业机会、带来了巨大的经济效益和社会效益，进而造福于新疆各族人民。 金属的腐蚀，气体的纯度等。 回答：天然气 回答：甲烷 ……	由西气东输中各民族的互通有无，认识民族团结的重要性。 理解化学的应用。 ……
作业	1. 总结甲烷的主要性质与用途。 2. 思考：怎样解决西气东输中的技术问题？学生可以借助网络寻找答案。 3. 对西气东输意义的感想？对西气东输有更好的设想吗？		激励学生为实现中华民族的伟大复兴而努力。

五、教学资源

1. 可参考的视频资源

（1）《东西部双赢的能源纽带》：

http：//v. youku. com/v_ show/id_ XNTU5MzcwNjQ =. html

（2）《西气东输工程输气运行实现全线贯通》：

http：//v. youku. com/v_ show/id_ XMzk4MTkxODA =. html

（3）《西气东输工程》：

http：//v. youku. com/v_ show/id_ XNTQyMjQwMTI =. html

（4）《世界先进焊接技术加速西气东输二线建设》：

http：//v. ku6. com/show/1O_ UNl3d13JtEIGY. html

（5）《西气东输工程推动香港能源优化》：

http：//v. ifeng. com/news/china/200902/09c26ca0-9d48-458f-b220-5183a05aeaf1. shtml

2. 可参考的文字资源

（1）2002 年西气东输开建：横贯西东的能源大动脉：

http：//paper. ce. cn/jjrb/html/2008-11/14/content_ 36574. htm

http：//news. sina. com. cn/c/sd/2009-09-15/151318655311. shtml

（2）新技术新工艺在西气东输工程上的应用：

http：//host. oilnews. cn/

第二章 高二年级

陶 瓷

一、教材中的知识点[①]

本节知识点位于：普通高中课程标准实验教科书，高二年级化学选修一，第三章《探索生活材料》，第三节《玻璃陶瓷水泥》，选修课，第55页。

二、民族团结教育的切入点

我国各少数民族的民族工艺历史悠久、技术先进、特点突出，与汉族的工艺相辅相承。特别是在轻工业方面，如陶瓷工业，各民族地区的制陶方式各不相同，从原料到方法都体现了各自民族的特色。

三、教学目标

（1）知识与技能：了解陶瓷的制造过程，并了解其原料与成分。

（2）过程与方法：通过对陶瓷制造过程的了解，学会用化学思维思考问题。

(3) 情感态度与价值观：让学生学会尊重少数民族的民族工艺，并培养他们对这些工艺的兴趣；认识到各民族都在发展，充分

[①] 人民教育出版社课程教材研究所、化学课程教材研究开发中心编著：《普通高中课程标准实验教科书化学选修1 化学与生活》，北京，人民教育出版社，2007。

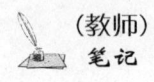

认识民族团结在社会发展中的作用；让学生学会尊重少数民族同胞的聪明才智，学会取长补短，共同进步。

四、教学设计

（1）引言：玻璃、水泥、陶瓷是三大无机非金属材料，在生活当中用途广泛，但它们是怎么制出来的呢？每一类里拥有哪些差异呢？

（2）导入正课：通过提问逐步展开。以陶瓷为例，从展示各地各类陶瓷的图片，到展示制造陶瓷的原料，再到讲解制造陶瓷的工艺流程，最后了解陶瓷的分类。

（3）课程反思：玻璃、水泥、陶瓷这三大无机非金属材料对于学生来说都不陌生，但对于其制法、成分、更广泛的用途学生还不是很清楚。基于此点，在使学生掌握陶瓷制法的基础上，让学生了解陶瓷的分类，由分类进而延伸学习各民族陶瓷的不同特点，进而了解少数民族文化，最终认识到各民族科技互相学习、共同进步才推动了中华民族不断向前发展。认识到民族的融合是一种文化和科技的融合。各民族取长补短，共同促进了科技进一步发展。课堂上鼓励学生互相讨论，共同提升。

4. 教案展示：

教学课题：第三章探索生活材料 第三节 玻璃陶瓷水泥 二、陶瓷
教学方法：讲授、小组展示
教学重点：陶瓷的主要成分与制法
教学难点：陶瓷的主要成分与制法
教学用具：多媒体
教学过程

续表

教学环节	教师活动	学生活动	设计意图
…… 正课	导入 展示：新疆土陶制品。 过渡：同学们知道这是什么吗？ 请同学观看陶瓷的制法、工艺流程。 我们国家都有哪些陶瓷工艺，各有什么特点呢？	观察 观察：泥料—切泥片—压坯—带模干燥—脱模—坯体干燥—磨坯揉水施内釉—揉外水沾外釉—取釉—扫灰检验—装匣—烧成 学生讲解：维吾尔族模制法土陶烧制技艺，不同地区制法不同，主要分为素陶、釉陶和彩绘釉陶三种，属国家级文化遗产。 傣族千年慢轮制陶技艺，慢轮是新石器时代的原始人类在学会用手捏制陶坯后发明的最重要的一种制陶工具。 藏族的制陶技术，已有6000多年历史，藏族的制陶术是在青藏高原上创造出来的，灿烂的文明。 云南的建水陶是在现云南红河哈尼族彝族自治州境内的地区兴起的，历史悠久。	激发学生学习兴趣，培养学生观察能力。 培养学生对少数民族工艺的热情，学习少数民族对待自身工艺的进取态度。 认识民族团结在发展民族工艺中的积极作用。 ……
…… 作业	小结：民族在发展，工艺在发展，科学在发展。 …… 通过对陶瓷的学习，自学玻璃和水泥的制法与分类。 思考：我们将怎样保护和传承各民族的陶瓷工艺。	……	激发学生对少数民族文化的兴趣。 激发学生为保护各民族文化做贡献的热情。

五、教学资源

1. 可参考的视频资源

（1）《喀什土陶》：

http://www.tudou.com/programs/view/UFHBiu-W9ek/request

_from＝cpr

（2）《走进新疆库车老城区 感受土陶艺人的真实生活》：

http：//tv. sohu. com/20080529/n257159344. shtml

（3）《千年土陶》：

http：//bugu. cntv. cn/life/science/silufaxian/classpage/video/20100305/100185. shtml

（4）《黑陶工艺品的制作》：

http：//v. youku. com/v_ show/id_ XNzA3NTQ5OTY＝. html

2. 可参考的文字资源

（1）少数民族的民族工艺陶器：

http：//bbs. xinxin2008. com/thread－105787－1－1. html

（2）维吾尔族美术——陶器：

http：//minzu. folkw. com/Content. Asp？Id＝694

（3）新疆维吾尔族土陶技艺：

http：//www. cnr. cn/xjfw/xjmlxj/xjfq/200901/t20090113_505208859. html

（4）烧制陶器的一般是就地取土和泥后，以手工轮盘箍筑制作器形：

http：//www. 5m5y. com/html/51/n－1651. html

（5）藏族人民陶器工艺：

http：//www. sc157. com/wiki/index. php？doc－view－4662

（6）傣族慢轮制陶术：

http：//baike. baidu. com/view/1168152. htm

（7）陶瓷生产工艺流程：

http：//zhidao. baidu. com/question/41931462. htm

第三章　高三年级

合成橡胶

一、教材中的知识点[①]

本节知识点位于：普通高中课程标准实验教科书，高三年级化学选修五，第五章《进入合成有机高分子化合物的时代》，第二节《应用广泛的高分子材料》，三、《合成橡胶》，选修课，第110页。

二、民族团结教育的切入点

橡胶在我国的产地很多，主要分布在以海南、云南、广东为主的三大天然橡胶优势种植区域，这些地区大多为少数民族地区。随着社会的发展，橡胶工业在少数民族地区有了很大的发展，产量丰富、生产技术先进。

三、教学目标

（1）知识与技能：了解橡胶，包括其分类、结构、作用等。

（2）过程与方法：通过对橡胶的了解，复习聚合反应、同分异构现象。

（3）情感态度与价值观：让学生进一步认识到祖国幅员辽阔、工农业发展迅速；认识黎族和傣族的发展，在民族团结的形势下，各族人民生活幸福；认识到各族人民的发展都离不开祖国的统一和

[①] 人民教育出版社课程教材研究所、化学课程教材研究开发中心编著：《普通高中课程标准实验教科书化学选修5 有机化学基础》，北京，人民教育出版社，2007。

繁荣昌盛。

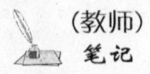

四、教学设计

1. 引言：请学生展示所搜集到的与橡胶相关的信息，汇报搜集到的橡胶的产地、分类、作用等。

2. 导入正课：通过学生的展示，使学生大致了解橡胶的分类、结构、作用和改进，并对橡胶的产地和国内橡胶业的发展有初步的认识。在学习的过程中复习聚合反应和同分异构现象。

3. 课程反思：生活中的橡胶制品，学生见到很多，但学生不知道其产地、结构及其更广泛的用途，所以课前布置学生去搜集关于橡胶的一些信息。学生搜集时可以分小组进行，也可以个体进行，课前由教师进行筛选，选出代表进行汇报。让学生搜集、展示少数民族的橡胶产业的发展与历史，使学生认识到各族人民的共同努力造就了社会大发展，认识到正是各民族的团结造就了当代中国繁荣富强。这样既能使学生掌握关于橡胶的结构、性质等方面的知识，又能提升学生民族自豪感。小组汇报人数不宜太多，以精华内容为主。

4. 教案展示

教学课题：第五章进入合成有机高分子化合物的时代 第二节应用广泛的高分子材料 三、合成橡胶
教学方法：阅读、讲授
教学重点：橡胶的分类、异构现象
教学难点：同分异构现象
教学用具：多媒体
教学过程

教学环节	教师活动	学生活动	设计意图
…… 课堂延伸	总结：橡胶在全世界的用途广泛且是全世界多个行业的重要材料，那么这些橡胶却来源于哪些地方呢？有的同学查了一些关于我国橡胶业发展情况的补充资料，下面请同学展示一下。	同学甲：展示海南黎族地区橡胶业由人工到机械化、由个体到不同规模，体现出海南橡胶业发展迅速。 从盲目生产到《自治州天然橡胶管理条例》，从国内销售到走向国际市场，无不说明云南橡胶业的成功。	…… 了解少数民族的发展，开阔学生的视野；认识到各民族地区资源共享的重要性。

续表

作业	小结：新中国成立后，各族人民生活幸福，当家做主。各族人民荣辱与共，共创美好的家园。我国橡胶工业迅猛发展，综合实力跃居世界前列。…… 1. 对生活中的橡胶制品进行分类，总结生活中橡胶的各种作用。 2. 产地不同的各种橡胶成分是否不同？橡胶的再加工如何进行？	反思，总结。……	进一步体现民族团结的重要性，感受新中国成立后各行各业的飞速发展。……

五、教学资源

1. 可参考的视频资源

（1）《神奇万能的橡胶》：

http：//v. youku. com/v_ show/id_ XMTMzNjE2NzY0. html

（2）《走近海南——橡胶园里的两代割胶工人》：

http：//vsearch. cctv. com/plgs_ play－CCTV1_ 20080423_ 6135820_ 0. html？

2. 可参考的文字资源

（1）黎族《活在海南岛的少数民族》：

http：//zhidao. baidu. com/question/45021681. html？fr＝qrl&cid＝207&index＝1&fr2＝query

（2）傣族的民族经济《云南西双版纳傣族自治州》：

http：//baike. baidu. com/view/4093. htm

（3）合成橡胶的分类方法：

http：//wenku. baidu. com/view/505115a1b0717fd5360cdcaa. html

生 物 篇

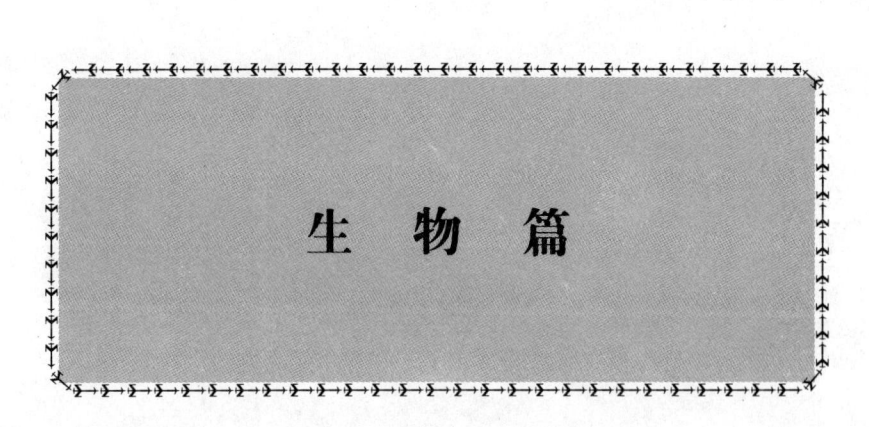

第一章 高二年级（必修）

第一节 探索生物大分子的奥秘
——与邹承鲁院士的一席谈

一、教材中的知识点[1]

本节知识点位于：普通高中课程标准实验教科书，高二年级生物必修1《分子与细胞》，前言，科学家访谈，《探索生物大分子的奥秘——与邹承鲁院士的一席谈》，必修课，第1页。

二、民族团结教育的切入点

（1）科学家对科学的热忱、锲而不舍的精神、勇于创新的意识和科学的研究方法。

（2）我国少数民族生物学家的情况介绍。

三、教学目标

（1）学习科学家的优秀品质，并从中获得有益的借鉴。

（2）认识到每个民族都有优秀的人才，中国科技的发展离不开各民族的共同努力。

---

[1] 人民教育出版社课程教材研究所、生物课程教材研究开发中心编著：《普通高中课程标准实验教科书生物必修1》，北京，人民教育出版社，2007。

四、教学设计

（一）引入

了解科学家的生平，可以两个方面进行：一方面可以了解他们在学术上取得重大成就的时代背景和科研的具体过程；另一方面可以学习他们的优秀品质，为将来的人生提供有益的借鉴。

（二）课堂教学

教师："结晶牛胰岛素"的成功合成至今是中国科学史上的传奇。从对邹承鲁院士的访谈中，你们觉得老一辈科学家获得如此辉煌的成就，是因为他们具备了什么样的品质？

学生：（略）

（参考：对科学的热忱所引发的对做学问的专注、面对困难时锲而不舍的精神、敢于接受挑战的勇气、勇于创新的激情和科学的研究方法。当然除此之外，在一定程度上还取决于课题选择的前瞻性和整个科学界的文化氛围、科研大环境等。）

教师：同学们还听说过"试管羊"、"试管牛"和"试管婴儿"么？谈谈你们对它们的认识。

学生：（略）

教师：试管动物是用动物的精子和卵子在体外受精，让受精卵的早期细胞分裂在试管中完成，当形成适宜阶段的胚胎后，再移植到母体子宫中妊娠、产出的动物。该技术可以解决女性因输卵管不通等疾病导致的不孕不育症，同时还以解决优良动物品种引种杂交成本太高的问题，并为受精卵的转基因改造等操作提供了基础。我国上述技术的建立者分别是蒙古族的旭日干院士和白族的张丽珠教授，他们分别被誉为"试管羊之父"和"试管婴儿之母"。旭日干院士一生遵循的信条："一个人要干一番事业，必须有长远的奋斗目标，也要有阶段性的目标。"

教师：你们还知道哪些来自少数民族的生物学家？说说你对他们事迹的了解。

学生：（略）

（参考：秉志，满族生物学家，中国近代生物学科的奠基人之一；舒克拉特·米塔利波夫，维吾尔裔美国生物学家，2008年在《Nature》上发表文章阐述防止线粒体疾病遗传的新技术，震惊世界；曲焕章，彝族著名中药剂专家；还有蒙古族油菜育种专家官春云院士等。）

（三）教师总结

中华民族是个大家庭，中国科技事业是全国各族人民共同的事业。少数民族人民勤劳勇敢、能歌善舞，素有心灵手巧的优点，这个优点正是生物学这样一门实验性学科所必需的，也正因为如此，有不少来自少数民族的优秀生物学家在国内国际舞台上绽放出绚烂的光彩。

（四）课后作业

请上网搜索中国的少数民族生物学家，了解他们的生平，努力理解他们的科研成果，并写下自己的体会。

五、教学反思

（1）科学家作为人类最优秀的成员之一，不仅在学术上做出了巨大贡献，而且其在科学探索上表现出来的优秀品质，也是值得人们借鉴的宝贵财富。了解科学家的生平，至少要从以下几个方面进行：科学家学术研究的背景和过程；科学家个人的成长背景；科学家自身的感悟……这样科学家形象才能全面立体地展现在学生面前，学生才能从中得到深刻而有益的借鉴。

（2）科学家作为最优秀的人才，是民族自信心和自豪感的最有力支撑，也是大众行为的标杆。让少数民族的同学了解本民族的科学家是增强其自信心的有效途径之一。不少少数民族科学家放弃国外优越的生活条件，毅然回国，致力于国家、民族科研事业的发展的事迹，对当今少数民族学生爱国主义情感的培养，起着最有力的榜样作用。

（3）高中生对于科学家的了解，不应该仅局限于对他们事迹的了解，还应该努力尝试了解科学家们的学术理论和成果，做到学以致用，不流于表面。再者，许多少数民族科学家的科研方向与其本民族面临的实际问题有关，所以，从中可以引导启发学生，应从关注本民族的发展出发来选择自己的人生方向。

六、教学资源

1. 舒克拉特·米塔利波夫

维吾尔裔美国科学家Shoukhrat Mitalipov（舒克拉特·米塔利波夫）主要研究人与猴的胚胎干细胞（ES细胞）的遗传与非遗传特征、线粒体DNA的突变与包括Ⅱ型糖尿病、线粒体肌病和神经疾病在内的一系列疾病相关性。Shoukhrat Mitalipov等人在一个非人类灵长目模型中发现：一个有缺陷的线粒体基因组可以被替换，方法是将从一个卵细胞转移到另一个细胞核被去掉的卵细胞中。这项研究为防止线粒体DNA疾病在受影响家庭中的传播，提供了一条辅助生殖技术途径。Shoukhrat Mitalipov博士的有关消除这类疾病方法的文章发表在2008年的《Nature》杂志上。该方法让线粒体疾病研究界深感鼓舞。

（该资料见：中国科技信息网，http：//www.biotech.org.cn/news/news/show.php？id=72494）

2. "试管羊之父"——旭日干

旭日干，蒙古族，中国工程院院士、教授。早年毕业于内蒙古大学生物系，1982—1984年赴日本留学期间，成功地进行了山羊、绵羊的体外受精研究，培育出世界第一胎"试管山羊"，并获得博士学位，有"试管羊之父"的美誉。回国后他创建了具有国内外先进水平的内蒙古大学实验动物研究中心，开展了以牛、羊体外受精技术为重心的家畜胚胎工程技术的研究。1989年培养出我国首批"试管绵羊"和"试管牛"，是当年国内十大科技成就之一。他还先后主持承担了国家"836"计划、"七五"项目、"八五"项目、内蒙古自治区攻关项目及国家自然科学基金的资助项目。他先后获乌兰夫基金奖银奖、台湾光华科技基金奖、香港何梁何利基金科技进步奖等，被评为国家有突出贡献的中青年专家、有突出贡献的留学回国人员、内蒙古自治区优秀校长等。

（该资料见：http：//www.56-china.com.cn/mgxy/mgzp-18.htm）

3. "试管婴儿之母"——张丽珠

张丽珠，白族，中国著名的妇产科医学专家，教授。早年毕业于上海圣约翰大学，获得理学学士学位。又于1944年毕业于上海圣约翰大学医学院，获美国宾夕法尼亚大学颁发的医学博士学位。1946年去美国留学。由于所做癌瘤早期诊断课题在当时属于世界先进研究领域，张丽珠受聘于英国玛丽居里医院，从事妇产科肿瘤及临床医学方面的研究。由于张丽珠的才华和努力，她于 1950 年 10 月通过了英国国家考试，获得了英国皇家妇产科学院的文凭。1951 年抗美援朝战争爆发，英国和中国成为敌对国家。这时期，张丽珠克服了种种困难，通过香港回到了大陆。回国后的 1952 年，张丽珠被分配到北京大学第一医院。1988 年 3 月 10 日，张丽珠教授主持研究的中国首例试管婴儿成功生产，婴儿取名郑萌珠。这标志着中国生殖科学完成了一个新的突破。

（该资料见：http：//health.sohu.com/20100428/n271804647.shtml）

4. 动物学家——秉志

秉志，满族，动物学家，中国科学院院士，教育家，中国近代生物学的主要奠基人。他曾刊行中国最早的综合性学术刊物《科学》杂志。从 20 世纪 20 年代起，他长期从事中国生物学的教学、研究和组织工作，是中国第一个生物学系和第一个生物学研究机构的创办人，中国动物学会的创始人。曾培养出一批不同分支领域的早期动物学家。他在脊椎动物形态学、神经生理学、动物区系分类学、古生物学等领域进行了大量开拓性的研究。50 年代后，他全面地研究鲤鱼实验形态学，充实和提高了鱼类生物学的理论基础。

（该资料见：http：//baike.baidu.com/view/285008.htm）

5. 油菜育种专家——官春云

官春云，蒙古族，油菜遗传育种和栽培专家。早年毕业于湖南农业大学，曾任湖南农业大学校长。他在油菜高产优质高效栽培、育种理论和应用研究方面做出了突出贡献：提出油菜器官分化和产量形成基本规律，已成为油菜栽培理论的精髓；提出油菜冬发栽培理论和技术体系，促进了长江中游地区油菜增产；提出了油菜光温生态的 4 种类型和地理分布，对生产有重要指导意义；提出油菜化学杀雄利用杂种优势的理论和方法，已被广泛应用；提出油菜优质高产育种的新方法，主持育成品种 15 个，推广面积 1.5 亿多亩，其中 8 个为国家重点推广的品种；育成 3 个转基因油菜新品系（抗虫品系 T5、不育系 15、恢复系 742），已完成遗传稳定性和安全性研究；主持发表了国内第一张油菜分子标记遗传图谱，并对抗菌核病基因进行 QTL 定位；此外确认新疆野生油菜是 Sinapis arvensis L. 为分布在中国的一个野生种，是一个新的种质资源。

（该资料见：http：//baike.baidu.com/view/173926.htmJHJ2）

6. 生物化学家——傅守正

傅守正，美籍华人，著名生物化学专家，美国科学会和英国皇

(教师)笔记

家化学会高级会员。傅守正出生于北京市，祖籍内蒙古科尔沁，为成吉思汗次子察合台的第 36 代孙。傅守正早年毕业于北京辅仁大学，1946 年赴美国留学获理学博士。傅守正毕生从事化学和生物化学研究，在医药生物化学、基础生物化学、蛋白化学与生物化学、蛋白与蛋白工程等诸多领域内获得 70 多项重大科研成果，特别是在儿童白血病和肿瘤研究与防治方面成绩卓著。从 20 世纪 70 年代开始，傅守正将研究重点转到了攻克老年白内障方面，在白内障蛋白组织研究方面取得重大突破——通过溶解消除障碍物来治疗白内障，这一研究成果处于国际领先水平。虽然身在海外，但傅守正教授仍然眷恋祖国，心系家乡科技文化发展建设。他曾于 1997 年和 2002 年两次携妻儿回到故乡，并为当地兴建图书馆。

（该资料见：http://www1.imun.edu.cn/myyxy/myy/kxj/fsz.html）

第二节　现代生物进化理论的主要内容

一、教材中的知识点[①]

本节知识点位于：普通高中课程标准实验教科书，高二年级生物必修 2《遗传与进化》，第七章《现代生物进化理论》，7.2《现代进化理论的主要内容》，必修课，第 114～118 页。

二、民族团结教育的切入点

从基因型频率和基因频率的角度来客观分析各民族在基因组成上的同源性和差异性。

三、教学目标

（1）体会基因型频率和基因频率在判断亲缘关系远近和种群演化等问题中的应用。

（2）了解各民族在基因组成上存在着一定的差异性，然而正是这种差异性造就了其独特性，也增加了中华民族基因库的多样性。

（3）了解各民族在某些重要基因组成上具有很高的同一性，从而理解中华民族在血缘上具有紧密联系。

[①] 人民教育出版社课程教材研究所、生物课程教材研究开发中心编著：《普通高中课程标准实验教科书生物必修 2》，北京，人民教育出版社，2007。

四、教学设计

（一）引言

人类的遗传性状一般都存在个体差异，ABO 血型、单双眼睑（皮）、舌卷曲、有无耳垂等遗传性状都是公认的研究人类遗传学及群体遗传学的重要标志。我国各民族之间由于生活习惯和意识等的差异，民族间通婚并不十分普遍，也就是达不到"遗传平衡定律"所要求的亲代随机交配的程度，所以各民族尚可以认为是相对独立的种群。因此，通过对比各民族在一些重要标志基因的频率上的差异程度可以作为判断民族间亲缘关系远近的参考。

（二）课堂教学

1. 基因频率的应用

例1：有无耳垂是一对相对性状，由一对等位基因 B（有耳垂）和 b（无耳垂）控制。舌卷曲也是由一对等位基因 C（舌上卷）和 c（舌不卷）控制。河西学院生命科学与工程系的老师对该学院的汉族和回族学生的耳垂有无和舌卷曲等多对遗传性状进行了调查，分析其基因型频率及基因频率在这两个民族间的分布，为人类群体遗传学研究提供一些资料。请根据下列数据计算该学院两个民族学生这两对等位基因的频率。

表4　河西学院汉族、回族学生基因型频率表

汉族、回族耳垂有无基因型频率[①]				
民族	汉族		回族	
表现型	有耳垂	无耳垂	有耳垂	无耳垂
人数	934	287	24	20
基因型频率	76.49%	23.51%	54.55%	45.45%
汉族、回族舌卷曲基因型频率				
民族	汉族		回族	
表现型	舌上卷	舌不卷	舌上卷	舌不卷
人数	905	316	32	12
基因型频率	74.12%	25.88%	72.72%	27.28%

[①] 曾秀存、许耀照等：《汉、回民族4对遗传性状的调查》，载《河西学院学报》，第26卷，2010（2）。

(教师)笔记

2. 计算结果

表5　汉族、回族耳垂有无基因频率表

民族	基因频率	
	B	b
汉族	51.52%	48.48%
回族	32.58%	67.42%

表6　汉族、回族舌卷曲基因频率表

民族	基因频率	
	C	c
汉族	49.13%	50.87%
回族	52.23%	47.77%

3. 结果分析

（1）有无耳垂的基因频率在两个民族的学生之间存在明显的差异。类似的情况也出现在其他基因中。如，在2001—2003年期间，科学家对在解放军总医院和解放军兰州军区乌鲁木齐总医院老年科进行健康体检的维吾尔族、哈萨克族、蒙古族、汉族各100多名绝经后妇女维生素D受体基因进行多态性分析，以期找到与骨密度密切相关的维生素D受体基因多态性分布规律。结果显示：汉族、维吾尔族、哈萨克族和蒙古族绝经后妇女维生素D受体基因bb基因型频率分别为90.5%、69.67%、38.1%和50%，BB基因型频率分别为0、4.1%、6.35%和4.46%。可见汉族与维吾尔族、哈萨克族和蒙古族维生素D受体基因型频率分布较广，差异明显[①]。

（2）舌卷曲基因的频率在汉族、回族之间则无明显差异。

教师：从上述数据可以得出什么结论？

学生：许多基因的频率在我国个民族之间存在明显的种族差异。

教师：这些差异是怎么形成的？这些差异对于中华民族大家庭的遗传多样性而言有什么影响？

学生：这些差异的形成是因为生物变异的不定向性。这些变异可以是有益的、中性的或有害的，其中一些被保存下来，导致不同种族、群体和个体间基因组的差异。这种差异又通过逐代的遗传积累并稳定下来，这便构成了各民族的独特性，极大地丰富了华夏民

---

① 张红红、陶国枢等：《我国四种民族维生素D受体基因多态性分布的研究》，载《中国骨质疏松杂志》，第12卷，2006（1）。

族基因库的多样性。

教师：中国许多民族都共同具有一些能抵抗特殊疾病的基因，比如囊性纤维病在中国较少发生、流感在中国的致死率相对较低等，这都与中国人基因的独特性有关。结合古卷曲基因频率在汉、回族学生间无明显的现象，说明什么问题？

学生：各民族之间存在着相当的亲缘关系。

4. 资料展示

肤纹是古老民族的标志和印记，经研究可追踪该民族的起源及其迁徙路线。同一民族群体的肤纹相对稳定。肤纹可作为甄别、寻根和溯源的遗传标记物，对人类学、民族学、遗传学和医学的研究有着重要的意义。上海交通大学医学院医学遗传学教研室张海国副教授领衔的"中国全民族肤纹分布格局"研究，经过了三十多年不懈努力，证实中华56个民族的肤纹特征表现出很强的民族杂合性，各少数民族互相间的肤纹基因有渊源且影响至今。特别是汉族的肤纹特征表现了很强的民族杂合性，是华夏民族集合的后代[①]。

教师：汉族的肤纹特征为什么会表现出很强的民族杂合性？

学生：历史上民族的迁徙、战争和融合过程中发生的各民族和汉族之间的婚配所致。证明中华民族是多元的，又是一体的。

（三）教师总结

人类遗传多样性是生物多样性的重要组成部分。人类遗传多样性寓于世界民族和各遗传隔离群中，能够为认识人类进化与迁徙、不同民族群体的相互关系、遗传背景与环境的相互影响乃至健康、衰老和疾病提供开启门户的钥匙。作为高中学生，学会从基因型频率和基因频率的角度去分析和比较各民族之间遗传多样性的差异和统一性，进而科学、客观、公正地看待民族亲缘关系问题，可以在一定程度上克服盲目情绪的影响，减少隔阂和误解，这无疑是认识能力提升的体现。

---

① 参考《中华养生保健》，2010（3）。

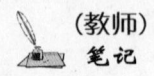

五、教学反思

（1）本节课从基因型频率和基因频率的角度分析各民族间的遗传多样性和统一性，进而分析各民族的渊源关系，相对于其他叙事性材料的证据显得更科学和客观，从而更有说服力。

（2）本节课无疑也为高中学生分析民族关系提供了一个科学的、可量化的方法和角度。这对于提升学生的思维品质有一定的帮助。

六、教学资源

（1）曾秀存、许耀照等：《汉、回民族4对遗传性状的调查》，载《河西学院学报》，第26卷，2010（2）。

（2）张红红、陶国枢等：《我国四种民族维生素D受体基因多态性分布的研究》，载《中国骨质疏松杂志》，第12卷，2006（1）。

（3）《中华养生保健》，2010（3）。

第三节 内环境稳态的重要性

一、教材中的知识点[①]

本节知识点位于：普通高中课程标准实验教科书，高二年级生物必修3《稳态与环境》，第一章《人体的内环境与稳态》，1.2《内环境稳态的重要性》，必修课，第7~9页。

二、民族团结教育的切入点

各民族传统医学对人体稳态和平衡的理解。

三、教学目标

（1）理解稳态的概念。

（2）通过了解我国各民族传统医学对人体稳态和平衡的理解，开阔思路，增进对中国传统文化的认识，从而认识到各民族的文化

[①] 人民教育出版社课程教材研究所、生物课程教材研究开发中心编著：《普通高中课程标准实验教科书生物必修3》，北京，人民教育出版社，2007。

均有可以相互借鉴之处。

四、教学设计

（一）引言

正常机体通过（神经、体液和免疫）调节作用，使各个器官、系统协调活动，共同维持内环境的相对稳定的状态叫稳态。该稳态的概念是从解剖学和人体生理学的角度进行阐述的，属于西方医学对人体平衡和健康的认识。对于人体的平衡和健康的机理，有没有别的观点或认识的角度呢？

（二）课堂教学

教师：中国成体系的传统医学理论有哪些分支？

学生：汉族中医药、壮医药、藏医药、朝医药、蒙医药、傣医药、维医药。

教师：我国各民族的传统医学又是怎样理解人体的稳态的呢？请简要介绍各传统医学理论的特点。

学生回答可参考资料如下：

（1）藏医药学认为：隆、赤巴、培根三大元素是构成人体的物质基础，也是进行生命活动所不可缺少的能量和基础。隆、赤巴、培根各有自己的特点，各有自己不同的功能，但它们之间并非各自独立，互不相干的，而是互相依存、互相制约的。在正常生理状态下，三者在人体内保持着协调和平衡的关系，因而是生理性的。每当三者中的任何一个因素或几个因素由于某种原因而出现过于兴盛或衰微的情况时，则变成了病理性的东西，而出现隆的病态、赤巴的病态和培根的病态，治疗上就需要对三者进行调整，使其恢复到原来的协调状态，达到健康的水平。

（2）朝医药是以"天、人、性、命整体观"为理论指导，以"四维之四象"结构为主要形式，以辨象论治为主要内容的一门独特的医药学体系。朝鲜族四象医学主要包括天、人、性、命整体观和阴阳论、四象人论、脏腑论、病因学、病理学、预防保健说等内容。其中阴阳论认为人体的正常生命活动过程是哀怒之气和喜乐之气、上升之气和下降之气阴阳相互依存、相互排斥、相互对立统一的协调过程。

（3）傣族传统医药学理论认为：人与自然界有着密切的、不可分割的联系。风、火、水、土是构成自然界物质的四种基本元素，人体生命的构成也离不开这四种基本物质。人体健康无病，就必须保持风、火、水、土四种物质元素的平衡关系。

（4）蒙医理论明确指出：发病本身的内在条件是指三根七素，即内因；而致病因素则指外界因素，即外缘。在正常情况下，三根七素各有特点，自具其能，密切联系，共同担负着人体正常生理功能活动，保持对立统一的相对平衡状态，这是人体健康的基本原因。

（5）维医理论分为"艾尔康"学说、"米扎吉"学说、"合力提"学说、"艾扎"学说、"库外提"学说、"太比艾提"学说、"艾非阿勒"和"艾尔瓦"学说、"赛艾提"学说、"买热致"学说等。其中"艾尔康"学说把人体气质、体液、内脏、器官、组织、生理、病理现象，按照事物的不同形状、特点、作用、性质分别归属为火、气、水、土，借以阐述说明人体生理、病理复杂关系和人体与外界环境之间的相互作用，从而进行辨证论治，达到祛病延年的目的。火、气、水、土自具其能，密切联系，共同担负着人体正常生理功能活动，保持对立统一的相对平衡状态，这是人体健康的基本原因。

课后作业：请同学课后查阅以上各民族传统医学的理论简介，并体会它们在认识上的相通之处。

（三）教师小结

中国传统医学各分支学说和西医理论虽然对人体稳态内容的具体理解上不尽相同，但在逻辑上都是相同的，即都认为人体健康的状态必须依赖于几种要素之间的平衡与协调。各民族文化对健康的理解极大地丰富和促进了中国传统医学的发展。

五、教学反思

对于人体内环境稳态，西医和中医是从不同的角度来看待的，所以有着不同的理解和思维方式，孰优孰劣现在仍还有不少争议。但有一点是相同的，那就是各种要素和指标都要达到平衡的状态。让学生亲自去查找中国各民族传统医学的理论，一方面能引导学生开阔思路，从更多的角度看待问题，另一方面也能让学生较为深入地了解自己民族的瑰宝，有利于民族文化的传承和发展。实践证明，学生在介绍自己民族的传统医学理论时心里充满着自豪。

六、教学资源

（1）国家民族事务委员会网站．http：//www.seac.gov.cn/gjmw/mzwhws/2004-07-07/1170217314876243.htm

第四节　保护我们共同的家园

一、教材中的知识点[①]

本节知识点位于：普通高中课程标准实验教科书，高二年级生物必修3《稳态与环境》，第六章《生态环境的保护》，6.2《保护我们共同的家园》，必修课，第123~129页。

二、民族团结教育的切入点

各民族传统文化中的生态意识。

三、教学目标

（1）了解各民族传统文化中的生态意识。

（2）让学生认识到在全球倡导"人与自然和谐相处"和"可持续发展"的今天，我们的传统文化和思想中仍然有许多值得当代人借鉴和反思之处。

四、教学设计

（一）课前任务

学生查阅以下资料：敦煌的生态演替、各民族传统文化中的生态意识。

（二）引入

美丽的地球哺育着万物生灵。千万年以来，万物生灵与周围环

---

① 人民教育出版社课程教材研究所、生物课程教材研究开发中心编著：《普通高中课程标准实验教科书生物必修3》，北京，人民教育出版社，2007。

(教师) 笔记

境和谐相处，地球处处表现出勃勃生机。可是，近半个世纪以来，我们周围的环境开始逐渐地走向恶化，特别是近些年，极端气候频频出现，肆虐全球。2005 年"卡特里娜"飓风袭击美国；2007 年热带风暴"锡德"侵袭孟加拉国；2007 年美国东部大旱；2011 年热带风暴"天鹰"重创菲律宾。就我国而言，1998 年南方地区爆发大洪水、2007 长江中下游长期干旱、2008 年 1 月南方九省大暴风雪、2009 年北方暴雪……

教师：全球环境恶化的根本原因是什么？

学生回答：（略）

（参考：无视人与自然相互依存的关系，片面追求生产力的发展和生活水平的提高，掠夺性地开发自然资源，同时排放大量的废弃物和污染物，致使自然生态失去了平衡。）

（三）课堂教学

1. 分析"楼兰文明"消亡的原因，启发对"敦煌生态危机"原因的思考。

教师：同学们对西域古国"楼兰"了解多少？

学生回答：（略）

教师介绍"楼兰文明"的兴衰史。

（参考：楼兰，西域古国名。其国都楼兰城（遗址在今中国新疆罗布泊西北岸）是古代"丝绸之路"的要冲。罗布泊，《山海经》中称"泑泽"，《史记》中载"盐泽"，而清代被称"罗布淖尔"，即为"多水汇集的湖泊"，最大面积达 5300 多平方千米。《汉书》记载其"广袤三百里，其中亭居，冬夏不减"。当时罗布泊湖曾是塔里木河、疏勒河、车尔臣河、孔雀河等河流的汇聚之地。因此，湖面宽阔，湖畔蒲莒、芦苇、野麻丛生，湖滨、湖中生息繁衍着各种各样的水生植物和水禽、动物，是一块充满生机的绿洲。当年楼兰人在罗布泊边筑造了十多万平方米的楼兰古城，车水马龙，商队、僧侣往来不绝，东亚、南亚和中亚文化在此汇聚交融，佛龛林立，盛况空前。

公元 400 年，高僧法显西行取经，途经此地，他在《佛国记》中说，此地已是"上无飞鸟，下无走兽，遍及望目，唯以死人枯骨为标识耳"。楼兰——这座丝绸之路上的重镇在辉煌了近500年后，逐渐没有了人烟，在历史舞台上无声无息地消失了。)

教师：是什么原因导致了曾经水丰鱼肥的罗布泊变成茫茫沙漠？又是什么原因导致了当年丝绸之路的要冲——楼兰古城变成了人迹罕至的沙漠戈壁？

学生回答：(略)

(参考：楼兰古国的消失一直是个科学之谜，说法有很多：如楼兰消失于战争；楼兰衰败于干旱、缺水导致的生态恶化；楼兰的消失与罗布泊的南北游移有关；楼兰消失与丝绸之路北道的开辟有关；楼兰被瘟疫疾病毁灭；楼兰被生物入侵打败，等等。但有一点可以肯定，楼兰的消失与罗布泊的逐渐干涸和所导致的生态恶化有关。据说，楼兰人也曾颁布过严刑峻法禁止砍伐树木，可是环境恶化的趋势已经无法逆转。5号小河墓地上密植的"男根树桩"说明，楼兰人当时已感到部落生存危机，只好祈求生殖崇拜来保佑其子孙繁衍下去。但他们大量砍伐本已稀少的树木，使当地已经恶化的环境雪上加霜。

中国科学院地质与地球物理研究所的周昆叔教授认为，罗布泊干涸的原因很复杂，这里面既是全球性的问题，也是地域性的问题，除了自然方面的原因，还有人为方面的因素。

水源和树木是荒原上绿洲能够存活的关键。楼兰古城正建立在当时水系发达的孔雀河下游三角洲，这里曾有长势繁茂的胡杨树供其取材建设。当年楼兰人在罗布泊边筑造了10多万平方米的楼兰古城，他们砍伐掉许多树木和芦苇，这无疑会对环境产生负作用。楼兰人为了该国的利益过度垦种，使水利设施、良好的植被受到严重破坏。"公元三世纪后，流入罗布泊的塔里木河下游河床被风沙淤塞，在今尉犁东南改道南流"，致使楼兰"城郭岿然，人烟断绝、国久空旷，城皆荒芜"。如今的楼兰只留下残垣断壁、几座太阳墓和"楼兰女尸"供后人凭吊和猜想。)

教师：古楼兰文明的消失已经离我们很遥远，但是当前又有一个有着辉煌文明史的地域正在重蹈"楼兰文明"消亡的覆辙，那就是沙漠绿洲——敦煌。

学生汇报：敦煌生态的演替。

(参考：资料见教学资源《敦煌生态的演替》)

教师小结：对于"楼兰文明"的消亡，如果人们的乱砍乱伐仅仅起到推波助澜的作用的话，那么，当今敦煌生态绿洲中的明珠——"月牙泉"的濒临消失则完全是"人祸"所致。如何减少"人祸",保护敦煌生态呢?请同学们认真思考。

2. 藏族传统文化中的生态意识

教师:环境恶化的原因是人们不再敬畏自然,忽略了人与自然相互依存的关系。当前,全球的绝大部分国家都在承受着环境恶化所带来的巨大损失,"温室效应"使得海平面上升,有些低海拔国家面临被海水吞噬的危险,唯独我国的藏族地区依然拥有洁净的水、碧蓝的天和灿烂的阳光,故此,青藏高原被世人称为人类最后仅有的一块"净土"。这是为什么呢?

学生回答:(略)

(参考:藏族的传统文化中有着深厚的生态环保意识,并深入到人民的生产、生活的方方面面,其结果保证了人类与自然的和谐相处。这就是藏族地区到20世纪还依然保留着80%的生态完整性的原因。这说明民族传统文化中具有很多可供当代人借鉴的智慧。)

教师:国际公认的研究可持续发展问题的经典名著《我们共同的未来》一书中指出:"一些社区的所谓土著或部落人民……保持着一种与自然环境亲密和谐的传统生活方式。他们的生存本身一直取决于他们对生态的意识和适应性……这些社区是使人类同它的远古祖先相联系的传统知识和经验的丰富宝库。它们的消亡对更广大的社会是一种损失,否则,社会可以从他们那里学到大量的对十分复杂的生态系统进行可持续管理的传统技能。"

教师:要求学生介绍藏族传统文化中所蕴含的生态理念和智慧。

学生汇报:(略)

(参考:资料见教学资源《藏族传统文化中的生态意识和智慧》)

3. 其他民族传统文化中的生态意识

教师:其他民族的传统文化中是否也蕴含有关注生态和环境的思想和智慧呢?

学生:(略)

(介绍其他民族的传统文化中的生态观。参考:资料见教学资

源《维吾尔族传统文化中的生态意识和智慧》、《汉族传统文化中的生态意识和智慧》、《傈僳族传统文化中的生态意识和智慧》)

教师：同学们所介绍的上述几个民族的传统文化中的生态环保的理念有哪几项是共性？

学生回答：敬畏自然，爱护生命，不把自己凌驾于其他生物之上；有节制地利用资源，不过度索取。

教师：哪几项是各民族特有的？这些不同之处是怎么形成的？

学生回答：（略）

（不同之处是因为生活环境不同造成的。）

4. 各民族保护环境的措施

教师：应对全球环境的恶化，需要全球所有国家共同努力。1997年世界上主要国家在日本签订减缓温室气体排放的《京都协议书》，承担共同但有差别的责任。2009年，全世界各国领导人再次聚集在丹麦首都哥本哈根，一起商议全球气候变化问题，提出"低碳计划"。我国在会议上向世界各国作出节能减排的庄严承诺。作为负责任的大国，节能减排计划正在全国各地有计划地实施。为了完成节能减排的目标，同学们有什么好的做法和建议？你们从自己民族和其他民族的传统文化中学到了哪些智慧和方法？

学生回答：（略）

（四）教师总结

在我国，节能减排、保护环境是全体人民共同的责任。各民族传统文化中所共同提倡的敬畏自然、尊重生命和有节制地利用资源的思想启示我们，不能把人类凌驾于万物之上，不能为了片面地追求生产的发展和生活水平的提高而过度消耗资源、破坏环境。每个民族在可持续发展的道路上都应该从本民族和其他民族的传统文化中汲取智慧，杜绝贪婪和奢华的生产、生活方式，并依赖科技的发展，实现人类与环境的和谐发展。

五、教学反思

中华民族传统文化中都蕴含着丰富的关注生态的意识和理念，这是每个民族在可持续发展道路上可供借鉴的宝贵财富。通过分析

"楼兰文明"的兴衰史和"敦煌生态危机"等材料可以引发学生的思考和建立生态危机意识。让学生查阅各民族传统文化中的生态智慧,能让学生更深入地了解我国各民族的思想瑰宝,有利于民族文化的传承和发展。多个民族传统文化的交流也可以开阔学生的思路,相互借鉴,增进各民族之间的相互了解。在应对全球危机而寻找方法时,各民族同学集思广益,在求同存异中增进民族团结。

六、教学资源

(1) 敦煌生态的演替　新浪网,http://news.sina.com.cn/c/2006-05-11/10099830041.shtml

(2) 南文渊:《藏族生态文化的继承与藏区生态文明建设》,载《青海民族学院学报(社会科学版)》,第26卷第4期,2000(10)。

(3) 索南卓玛:《从〈格萨尔〉看藏民族的生态观》,载《西藏研究》,2005(2)。

(4) 卓玛措:《藏族传统的生态文化》,载《地理教学》,2006(3)

(5) 洛加才让:《藏族生态伦理文化初探》,载《西北民族学院学报(哲学社会科学版)》,2002(5)

(6) 合力力·买买提:《维吾尔族生态文化传统与经济发展研究》,载《黑龙江民族丛刊(双月刊)》,2008(5)。

(7) 金开诚:《汉族传统文化中的生态意识和智慧》,见《中华传统文化的思想智慧》,载《求是理论网》,http://www.qstheory.cn/wh/whjt/201112/t20111221_131233.htm

(8) 李智环:《试析傈僳族传统生态文化及其现代价值》,载《教育文化论坛》,2010(5)。

//生物篇

第二章 高二年级（选修）

第一节 果酒和果醋的制作

一、教材中的知识点[①]

本节知识点位于：普通高中课程标准实验教科书，高二年级生物选修1《生物技术实践》，专题1《传统发酵技术的应用》，课题1《果酒和果醋的制作》，选修课，第2~5页。

二、民族团结教育的切入点

民族特色发酵食品的制作。

三、教学目标

通过对某些民族特色发酵食品的介绍，增进对各民族生活习惯和生产技术的了解，领略各民族人民在生活、生产实践中创造的智慧。

四、教学设计

（一）课前预习

学生上网搜索各民族利用发酵原理制作的特色食品（如：酸马奶——蒙古族；奶皮子——哈萨克族、维吾尔族、蒙古族、锡伯族

[①] 人民教育出版社课程教材研究所、生物课程教材研究开发中心编著：《普通高中课程标准实验教科书选修1》，北京，人民教育出版社，2007。

等；酸奶——维吾尔族；馕——维吾尔族；黄酒——汉族；青稞酒——藏族；泡菜——朝鲜族），并简要介绍其制作的原理和工艺流程。

（二）课堂教学

发酵食品是以农副产品为原料，利用有益微生物的发酵来生产的产品。其生产过程利用微生物的分解和合成赋予食品营养、美味并提高食品保存期。因农副产品种类广、微生物种类多，地域不同，发酵工艺也不同，故发酵产品也不同，主要分为：（1）发酵主食品，如发糕、馒头；（2）发酵调味品，如酱油、虾酱和泡菜；（3）发酵饮料品，如各种酒类；（4）发酵乳类食品，如酸奶、奶酪和各种奶酒；（5）其他发酵食品，如醪糟、味精等食品添加剂。各种发酵食品具有独特的风味，丰富了人们的饮食生活。

发酵食品有以下几个优点：

（1）利于消化吸收：植物细胞有细胞壁，其细胞内的一些成分人体往往难以消化利用，发酵时微生物分泌的酶能裂解细胞壁，就提高了营养素的利用程度。

（2）丰富营养成分：微生物能合成一些动物和植物自身都无法合成的 B 族维生素，特别是维生素 B_{12}，所以发酵食品中维生素 B_{12} 较为丰富，维生素 B_{12} 还能预防老年痴呆症。

（3）较低脂肪含量：发酵食品一般脂肪含量较低，发酵过程中要消耗碳水化合物的能量，因此发酵食品的能量值比较低，对欲控制热量摄入而减肥的人是首选的低热能食品。

（4）增加了美味：如制作腐乳时，豆腐中的蛋白质被微生物分解成小分子肽和氨基酸，味道更加鲜美。

（5）延长了食品的保存期。

学生汇报查询结果：（略）

教师：不同民族的发酵食品在材料和制作工艺方面都有一定的差异。造成这些差异的主要原因是什么？

学生：生存环境和自然资源不同，所以各民族因地、因时发展出各自的特色食品。它们都是劳动人民生产和生活智慧的结晶。

参考：

（1）奶皮子是哈萨克、维吾尔、蒙古、锡伯等少数民族喜欢的奶制品。奶皮子是指牛、羊奶上面漂浮的一层脂肪和奶蛋白的混合物，其味有奶香和脂肪香，略有甜味，十分可口。提取的方法是一般在傍晚挤牛奶或羊奶，静置一夜后，第二天撇取上面的浮油，这种浮油，像奶子结了一层皮，所以称其为奶皮子。有的少数民族称其为"卡依玛克"。这种生奶皮子含有一定的酸质，自然发酵后略含酸味，吃起来有一股浓郁的香味。

（2）酸奶是新疆牧区的"拳头产品"，家家户户都"生产"。但由于民族不同，制作方法也各异。哈萨克族牧民制作酸奶时，一种方法是将牛奶烧开后，去其奶皮，放入引子，倒入皮制的口袋里发酵；另一种方法是不取奶皮子，直接放入引子发酵。前一种方法所制酸奶味较酸，而后一种方法所制酸奶味则酸甜，十分可口。蒙古族的酸奶制法与哈萨克族大同小异，不过他们配制酸奶的皮口袋特别大，主要是用来发酵取过奶皮子的牛奶，这种酸奶喝不完之后，便成为制作奶酒的原料。

（3）马奶酒性温，有驱寒、舒筋、活血、健胃等功效，被称为紫玉浆、元玉浆，是"蒙古八珍"之一。每年七八月份是酿制马奶酒的季节。蒙古族妇女将马奶收贮于皮囊中，加以搅拌，数日后便乳脂分离，发酵成酒。随着科学的发达、生活的繁荣，蒙古人酿制马奶酒的工艺日益精湛完善，不仅有简单的发酵法，还出现了酿制烈性奶酒的蒸馏法。六蒸六酿后的奶酒方为上品。

（4）青稞酒，藏语叫做"羌"，是以青藏高原一年一熟的高寒河谷种植的标志性作物——青稞为原料酿制而成。据科学鉴定，青稞酒是老少皆宜的滋补强身的上等饮品。传统坛装青稞酒是非蒸馏的青稞酒，以蒸煮摊凉后的青稞等原料加酒曲预糖化后装坛密封发酵而成，与黄酒生产工艺有一定的相似性。

（5）朝鲜族泡菜是以白菜等蔬菜为主原料，经过盐腌后拌入各种调料，如辣椒粉、大蒜、生姜、大葱及萝卜、鱼籽酱类、谷类、水果等，为确保其保存性和成熟度，在低温下通过发酵而生成含乳酸的制品。与盐、酱、糖、酒为主要调料制成的中国汉族、日本的蔬菜发酵产品不同，朝鲜族泡菜是多种多样的鱼虾酱类、香辛料、调辅料和蔬菜等动植物食品综合发酵的产品，在不破坏蔬菜组织的同时，呈现多种多样的独特浓厚的风味。

五、教学反思

发酵食品虽然是学生日常生活中能接触到的物品，但是大部分学生对其生产的原理和工艺不太了解。通过让学生查阅民族特色发酵食品的制作工艺，有利于加深他们对生活的体验和了解，让他们认识到生活中常见的生产技术都是在人们长期地实践中，因时因地发展起来的，是人民大众集体智慧的结晶，是与当地的生存条件最相适宜的，不存在高低贵贱之分。

当然，限于学生专业知识和资源的限制，没能让学生进一步查阅更深入的知识，如发酵用微生物的种类、具体的代谢过程等，这些还有待加强。

六、教学资源

（1）http：//www.sci-food.com/show.asp? id=885

第二节 体外受精和早期胚胎发育

一、教材中的知识点[①]

本节知识点位于：普通高中课程标准实验教科书，高二年级生活选修3《现代生物技术专题》，专题3《胚胎工程》，3.2《体外受精和早期胚胎发育》，选修课，第69~73页。

二、民族团结教育的切入点

试管动物培育的机理和过程。

三、教学目标

了解试管动物培育的过程和机理，认识到少数民族科学家在我国"试管牛"、"试管羊"和"试管婴儿"技术上所做出的重大突破和贡献，从而意识到我国科技的发展需要各民族科学家的共同努力。

四、教学设计

（一）引言

试管动物技术是指通过人工操作使精子和卵子在体外条件下成

---

① 人民教育出版社课程教材研究所、生物课程教材研究开发中心编著：《普通高中课程标准实验教科书选修3》，北京，人民教育出版社，2007。

熟和受精,并在体外培养发育为早期胚胎后再移植入母体子宫而产生后代的技术。该技术可依次分为卵母细胞的收集、精子的获能和受精、胚胎的早期培养和移植等过程。试管动物技术在解决优良动物品种引种交配成本高和繁殖率低问题上具有巨大的优势。

(二)课堂教学

教师:我国的试管羊、试管牛技术是由哪一位科学家率先创建的,期间攻克了哪些难关?

学生:蒙古族科学家旭日干。

【学生阅读材料】

鄂尔多斯羊绒衫誉满全球,但羊绒出自山羊身上。山羊是破坏草场的元凶之一,它吃起草来会把草连根啃掉。于是我们便面临这样的矛盾:要么别穿或少穿羊绒衫,要么我们干脆把无垠的草原全部都交给山羊。很多人也思考并试图解决这个问题,但找到答案的只有一个人——旭日干。

当外国的畜牧业在高科技的促进下飞速发展时,中国的畜牧方式仍停留在原始状态。作为牧人的后代和一个有抱负的生物学家,旭日干很明白自己的处境。人类已经解决了试管婴儿技术(学名是"体外受精"),但是在其他动物身上进展不大,尤其是在家畜身上,直至20世纪80年代美国人因为无法获得进展不得不停止这项研究,只有日本人还在坚持做。

1972年旭日干在内蒙古大学生物系任教时就开始参与当时处于世界尖端领域的"胚胎移植"课题。1982年旭日干被派往日本兽医畜产大学及日本农林省畜产试验场进修。当时日本科学家花田章博士正致力于"山羊体外受精"研究,多年来并无实质性进展,遂交给这位勤奋的"进修人员"试试。这项研究已在世界上进行了几十年,但关键性的问题没解决:牛羊等家畜的精子在体外没有与卵子结合的能力。经过无数次试验后,旭日干终于在显微镜下看见了那惊喜的一幕:在药物的诱导下,山羊卵子在体外受精成功了!接下来就是试管羔羊的培育,他每天都细心地观察受体母羊的微小变化。1984年3月9日,世界上第一胎试管山羊诞生了,由于是日中合作,这只羊被取名"日中",而旭日干也被称为"试管山羊之父",同时获得博士学位。几乎与此同时,他婉拒了日方的邀请,回到内蒙古大学。

(教师)笔记

  这只"试管山羊"的意义是：今后我们牧放良种羊，让一只良种羊吃一只羊的草，却产生 10 只羊的经济价值。比如说产于鄂尔多斯的阿巴思白山羊，其羊绒被誉为羊绒中的宝石，又白又透明，但产量低，而盖县的山羊产绒高但质量低，把它们结合起来不是高质高量吗？科学是需要想象力的，但把想象变为现实却是一条荆棘之路。让这两种山羊自然杂交需要 10 代，约 15 年时间，但如果用旭日干的试管羊技术，就可以把成千上万个受精的卵子同时迅速地植入普通母羊子宫，使这些羊妈妈们产下与自己毫不相干的小羊，而这些小羊个个都是良种，且一年双仔。有了旭日干的发明，日本人后来也培育出了试管羊。

  旭日干的发明在中国有着特殊的战略意义：首先是国外优良的品种和价格昂贵的现实，迫使我们需要高新技术；其次是中国落后的牧业方式和劣化的品种并存，解决这个矛盾的唯一途径是技术。旭日干又在 1989 年 3 月和 8 月先后培育出"试管绵羊"和"试管牛"。这不是简单的重复，而是旭日干率领他的助手们在自己的大学里他们亲手建造的实验室里完成的。这就意味着中国科学家在自己的国土上能完成世界尖端级的科研并有能力将它转化为应用技术。为此旭日干当选为中国工程院院士，他是内蒙古自治区第一位工程院院士。内蒙古大学生物研究教学水平因此走在中国各大学的前列。

  教师：旭日干教授为什么会踏上解决中国畜牧业落后问题这条道路，说明什么？旭日干在体外受精问题上解决了什么难题？试管羊和试管牛技术在发展我国畜牧业问题上有什么贡献？对于旭日干辞去日本的邀请毅然回国发展科研事业的事迹，你有什么感悟？旭日干的科研道路对你的将来人生有什么指导意义？

  学生：（略）

  教师：体外受精和早期胚胎培养技术还有哪些应用？若一对夫妇，因为妻子输卵管堵塞而不能正常妊娠，该怎么解决这个问题？

  学生：试管婴儿技术。

  教师：我国的试管婴儿技术是由哪一位科学家率先建立的呢？

  学生：白族的张丽珠。

【学生阅读材料】

  张丽珠祖籍云南大理市喜洲。早年毕业于上海圣约翰大学医学院，获美国宾夕法尼亚大学颁发的医学博士学位。1946年去美国留学。由于所做癌瘤早期诊断课题当时属于世界先进研究领域，张丽珠受聘于英国玛丽居里医院，从事妇产科肿瘤及临床医学方面的研究。由于张丽珠的才华和努力，于1950年10月通过了英国国家考试，获得了英国皇家妇产科学院的文凭。1951年抗美援朝战争爆发，英国和中国成为敌对国家。这时期，张丽珠克服了种种困难，通过香港回到了大陆。

教师：你们对这位来自白族的科学家的学术道路和对患者的人文关怀有什么感悟？

学生：（略）

教师：想想你们家乡有哪些问题尚未得到解决？你有什么想法？为了这个想法，你打算怎么做？该如何规划自己的人生？

五、教学反思

科技发展的最根本动力来自社会的需求。能准确地洞悉这种需求，并以高度的责任感投身于解决这种需求的研究过程，是很多人成为科学大家的原因。高中学生正处于人生观和价值观快速建构时期，以高度的社会责任感和人文关怀来影响他们人生的方向，让他们树立把自我价值的实现寓于社会价值的实现当中的理想是一种值得提倡的做法。当前，我国新疆、内蒙古和西藏等少数民族地区的经济和科技相对滞后，且都有许多独特的亟待解决的问题。以旭日干和张丽珠两位少数民族科学家的社会责任感和人文情怀为榜样，可以引导少数民族学生将来在投身于家乡的建设中实现自己的人生价值。

六、教学资源

（1）http：//www.56-china.com.cn/mgxy/mgzp-18.htm

（2）http：//health.sohu.com/20100428/n271804647.shtml

地理篇

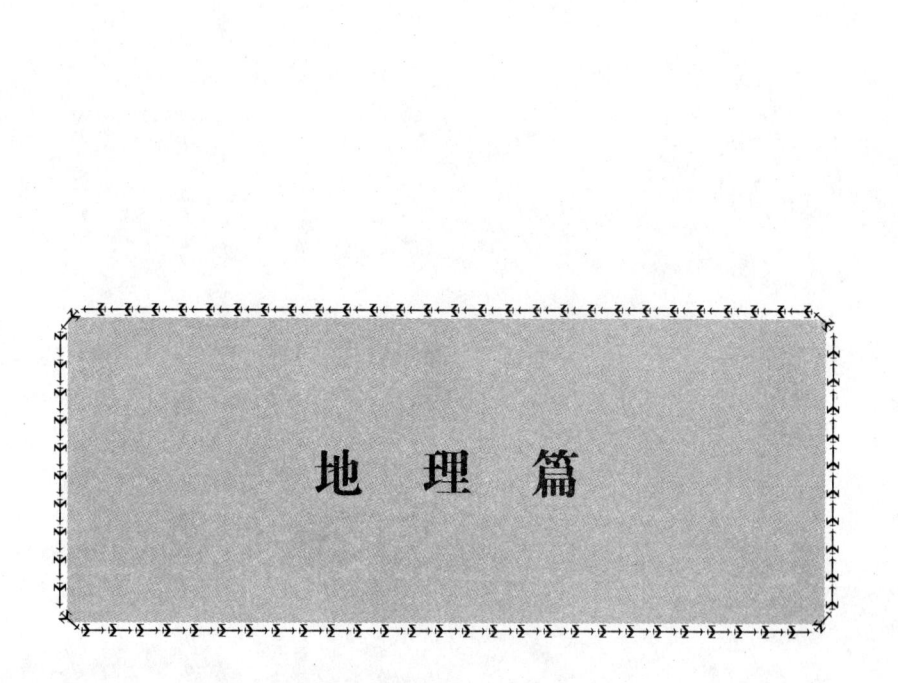

第一章 高一年级

第一节 水资源的合理利用

一、教材中的知识点[1]

本节知识点见于：普通高中课程标准实验教科书，高一年级地理必修一，第三章《地球上的水》，第三节《水资源的合理利用》，第61页。

二、民族团结教育的切入点

新疆吐鲁番的坎儿井是全世界最大的地下水利灌溉系统，是新疆人民伟大智慧的结晶，通过阅读新疆坎儿井的资料，分析坎儿井与新疆地理环境的关系，理解水资源对人类的影响。了解坎儿井工程体现了少数民族为祖国建设同样贡献着智慧，是祖国不可缺少的一部分。

本节课以坎儿井为例，既可以完成课标所要求的教学任务，又可以通过分析坎儿井与新疆地理环境的关系增强地理思维能力，同时将民族教育融入教学当中。

三、教学目标

通过资料分析，理解水资源对人类社会的影响，体会科学技术在解决人水矛盾中的重要意义。

---

[1] 人民教育出版社课程教材研究所、地理课程教材研究开发中心编著：《普通高中课程标准实验教科书地理必修1》，北京，人民教育出版社，2007。

四、教学设计

（一）引言

水资源对人类来说非常重要，在现今社会，水已经成为制约经济发展的重要因素。尤其对于水资源缺乏地区，水资源的合理利用至关重要。为了解决水资源问题，人们想出了各种各样的办法。

新疆位于我国西北地区，深居内陆，降水稀少，水资源匮乏。新疆的人民从古代就开始用各种办法充分利用有限的水资源，坎儿井就是其中最著名的工程。

（二）教学过程

老师：同学们你们对新疆维吾尔族有哪些了解，你能说出新疆的特产吗？

学生：维吾尔族能歌善舞、热情好客等；特产有葡萄干、哈密瓜等。

教师：新疆地区气候干旱，环境脆弱，却孕育出了多彩的文化和富饶的农业区，这和新疆特殊的灌溉系统——坎儿井是密不可分的。

【出示图片】：新疆坎儿井构造示意图

【出示资料】：坎儿井建设时间、世界地位

与长城、大运河齐名并被称作中国古代三大工程之一的坎尔井，是利用地面坡度引用地下水的一种独具特色的地下水利工程。在新疆境内的坎儿井全长 5400 千米，是全世界最大的地下水利灌溉系统。坎儿井至少已有 2000 多年的历史。

教师：同学们，对于坎儿井，你有什么问题要问吗？想一想？

学生：为何坎儿井出现在我国新疆地区？坎儿井的节水原理和作用是什么？

教师：大家提出的问题，主要集中在两个问题上。那我们共同来解决。给大家一些参考资料，看大家能不能利用这些资料来解决问题。第一个问题：为何坎儿井主要出现在我国新疆地区？

【出示资料】中国年降水量分布图、中国年蒸发量示意图、中国农业类型分布图、新疆地区绿洲资料。

【设计学生活动】将学生分成两组，两组分别讨论，可以以竞赛形式开展，比一比哪一组回答的更好。

学生：新疆深居内陆，远离海洋（位置），为温带大陆性气候，年降水量少，河流较少，多为短小的内流河。但光热资源充足，年蒸发量很大，因此水资源对农业发展有很大的限制，农业类型以畜牧业为主。但是在吐鲁番盆地地区，有冰雪融水形成的绿洲，农业较为发达。坎儿井的出现，是为了更好的利用水源。因此主要出现在西部较为干旱的地区。我国东部地区，水资源充足，降水量丰富，蒸发量小，不需要坎儿井水利设施。

教师：请你总结一下坎儿井出现的条件。

学生：（1）气候干旱；（2）有冰雪融水补给，地下水源丰富；（3）农业生产发展的需求。

教师：那坎儿井到底是如何节水保水的呢？井水来源是什么？它起到了什么作用？

学生：（思考、讨论并在班级内阐述）。

参考答案：坎儿井在吐鲁番盆地大量兴建的成因，是与当地的自然地理条件分不开的。吐鲁番盆地北有博格达山，西有喀拉乌成山，每当夏季大量融雪和雨水流向盆地，渗入戈壁，汇成潜流，为坎儿井提供了丰富的地下水源。吐鲁番土质为砂砾和黏土胶结，质地坚实，井壁及暗渠不易坍塌，这又为大量开挖坎儿井提供了良好地质条件。吐鲁番干旱酷热，水蒸发量大，风季时风沙漫天，往往风过沙停，大量的农田、水渠被黄沙淹没。而坎儿井却在地下暗渠输水，不受季节、风沙影响。蒸发量小，流量稳定，可以常年自流灌溉。

坎儿井的水源，是高山雪水经山麓透入砾石层里的伏流或潜水。坎儿井主要由三部分组成：第一部分是暗渠即地下的输水道；第二部分是竖井，每隔20～30米有一个通地面的竖井，作为挖掘暗渠的出土口和通风口；第三部分是明渠，在流经田庄处通过明渠引用灌溉。坎儿井有很多优点，可减少水流蒸发，可避免风沙埋没，可利用地下深层潜水，可自流灌溉，可随地开挖独立成一灌区，施工比较简单，使用期长等等。减少地下水的蒸发，对当地的环境也到了保护作用。

教师：坎儿井是新疆人民智慧的结晶，他们不仅能歌善舞、热情好客，而且勤劳智慧，尤其是这种与自然条件抗争的不屈不挠的精神非常值得我们学习。

教师：除了坎儿井以外，保护和合理利用水资源，还可以有哪些措施？（注意培养学生可持续发展观念，鼓励学生的创造性思维。）

学生：提高灌溉技术，因地制宜，发展节水农业和特色农业等。

（三）教师总结

教师总结本节课的地理学习思路和方法。

思路：地理位置——自然地理环境——问题（水资源对农业发展的影响）——解决方法（兴修水利设施）。

五、教学反思

课前可以让学生查阅维吾尔族的相关资料，就其风俗习惯在上课的时候给大家作介绍，这样可以进一步增强学生对少数民族学生的了解。也可以让去过新疆的学生讲讲见闻。

教学中首先给出坎儿井结构示意图，让学生对本节课学习的关键内容有感性认识。如果有条件，还可以找到与坎儿井相关的视频资料。

学生的认知心理会产生两个问题：首先，为什么坎儿井只出现在新疆地区，其他地区没有呢？其次，坎儿井的原理到底是什么？

带着这两个问题，安排学生活动，并且以小组合作和竞赛的方式，比一比哪一组回答得好，学生会有很大的兴趣和积极性，这样学生参与性就好，讨论的意义也更大。

最后的地理学习思路总结非常重要。学到了方法和思路，学生可以举一反三，学到解决更多问题的方法。地理位置决定了自然地理环境，自然地理环境又决定了本地区主要面临的问题，有问题就要设计出与本地地理环境相适宜的解决方法。

教学中需要注意的地方是，由于安排学生讨论较多，为了让讨论更有效，应该注意细节。例如，规定小组每个同学必须发言，讨论前每个人说出自己的观点，讨论后，每个人再重述一遍自己的观点（也许发生了变化）；当小组内意见不能统一时，可以先举手表决等。最后一定要有小组的阐述，锻炼学生的表达能力。

在教学中，可以发挥班级中新疆学生的能力和优势。

六、教学资源

（1） http：//zhidao. baidu. com/question/22975840. html？fr＝ala0
（2） http：//zhidao. baidu. com/question/41786568. html
（3） http：//baike. baidu. com/view/2942. htm？fr＝ala0_1#1

第二节　以畜牧业为主的农业地域类型

一、教材中的知识点[①]

本节知识点位于：普通高中课程标准实验教科书，高一年级地理必修二，第三章《农业地域的形成与发展》，第三节《以畜牧业为主的农业地域类型》，第 51 页。

二、民族团结教育的切入点

内蒙古自治区地处祖国北部边疆，是我国最大的畜牧业生产基地。进入 21 世纪以来，国家进一步加大草原生态建设力度，先后实施了一系列草原生态建设重大工程和项目，促进了我国畜牧业的快速发展。通过本课的学习，使汉族学生体会到少数民族地区畜牧业发展对我国人民生活水平的提高和对经济发展的促进作用，也使少数民族学生体会国家政策给少数民族地区带来的发展机遇。

三、教学目标

通过让学生对比分析阿根廷大牧场放牧业和内蒙古畜牧业的发展条件和改进措施，提高学生的知识迁移能力，同时提高其分析、概括资料的能力。

四、教学设计

（一）引言

畜牧业是农业的重要组成部分，我国有四大牧区，分别分布在青海、新疆、西藏和内蒙古自治区，其中内蒙古牧区载畜量居

[①] 人民教育出版社课程教材研究所、地理课程教材研究开发中心编著：《普通高中课程标准实验教科书地理必修2》，北京，人民教育出版社，2007。

首位。

世界范围内有很多地区和国家的畜牧业很发达，我国的内蒙古牧区与这些地方相比还存在差距。本节课将阿根廷的大牧场放牧业与我国内蒙古牧区的畜牧业进行对比，一方面发现我们的不足和差距，另一方面根据阿根廷的大牧场放牧业的成功经验，为我国的内蒙古牧区提出一些建议和改进措施。

（二）教学过程

教师：我们学习了阿根廷的大牧场放牧业，请同学们回忆一下大牧场放牧业需要哪些条件？有什么生产特点？

学生：大牧场放牧业的区位条件一般有气候干旱半干旱、有大面积优良的草场、地广人稀、交通运输条件便利等。其生产特点是生产规模大、商品率高、专业化程度高。

【出示资料】中国草场分布图和内蒙古地区草场资源相关资料

内蒙古自治区拥有天然草地13.2亿亩，占全国草地面积的27%，其中可利用草场面积10.3亿亩，占全区土地总面积的60%左右，居全国五大草原之首。最著名的要数呼伦贝尔大草原，是世界上天然草原保留面积最大的地方。

【学生活动】请一个去过内蒙古的学生讲讲哪里的风土民情和见闻。

教师：结合你对内蒙古的认识，说一说内蒙古能否发展大牧场放牧业？内蒙古与潘帕斯草原相比，发展畜牧业的条件有何异同？请你做出一张表格（教师提示可参考表6），对两处农业发展的区位条件和生产特点进行对比分析，再得出结论。

学生：（学生分组合作判断、讨论，完成表格）

教师：我们应从内蒙古的地理位置、自然地理条件（气候、地形、水源）、社会经济条件来分析其畜牧业形成条件。

通过比较，我国内蒙古草场与阿根廷潘帕斯草原相比，相同点有：均位于温带大陆性气候区、气候干旱半干旱、草场资源丰富，适合发展畜牧业。同时地广人稀、土地价格低，适合进行大牧场放牧业。

表7 内蒙古草原与潘帕斯草原对照表

	相同点	不同点
潘帕斯草原	温带大陆性气候 气候干旱半干旱 草场资源丰富 地广人稀 土地价格低	生产规模大 商品率高 专业化程度高 科技水平高 海运便利
内蒙古草原		生产规模还较小 专业化水平低 科技水平低 无海运条件 交通条件还需提高

不同点有：我国内蒙古地区机械化水平、农业生产技术水平还有待提高，农产品市场主要为国内市场。阿根廷的大牧场放牧业因有便利的海运条件，产品大量出口到海外。

教师：通过区位条件和生产特点的对比，请你试着评价和分析一下内蒙古地区发展大牧场放牧业存在的问题。

学生：从区位条件来看，内蒙古地区具备了发展大牧场放牧业的优越的自然条件，具有很大的发展潜力，完全可以发展大牧场放牧业。问题主要在于生产技术和专业化水平还有待提高，交通条件还需要改善等。

【出示资料】"我国畜产品需求市场的扩大"和"退耕还林还草资料"

从畜产品供应的严重匮乏，到如今百姓餐桌饮食的丰富多彩，我国畜牧业经历了一个从家庭副业成长为农业农村经济支柱产业的发展历程。目前我国肉类人均占有量已达到世界平均水平，而蛋类则达到发达国家平均水平。2008年，全国畜牧业产值达到20583亿元，占农业总产值的35.5%，比1949年时提高了23.1个百分点。新中国成立以来，我国畜牧业的生产规模不断扩大，综合生产能力稳步提高。目前，市场上各种畜产品供应充足，花色品种丰富多彩，为改善我国居民的膳食结构和营养水平、增加农民收入、促进农村劳动力就业做出了重大贡献。2008年全国肉类产量达到7278.2万吨、禽蛋产量2701万吨，居世界第一位；奶类产量3781

万吨，居世界第三位。人均肉、蛋、奶占有量分别达到54.9公斤、20.4公斤和28.5公斤。

教师：请结合资料讨论，目前内蒙古地区大牧场放牧业的发展有哪些机遇呢？

学生：分组讨论、总结和发言。（西部大开发的政策支持；我国农业技术水平的不断提高；肉、乳产品市场需求量的扩大；国家退耕还林还草政策的支持。）

教师：请你结合资料和所学知识给内蒙古的畜牧业提一些合理化建议。

学生：保护草场资源，合理放牧；树立品牌，扩大产品市场竞争力；保证社会、经济和生态效益。

五、教学反思

本课还可以设计课前导入部分，让学生分析内蒙古地区歌曲和民族体育运动与环境的关系，这样既可以增强学生对蒙古族的全面了解，也可以借此分析内蒙古的地理环境。

为了促进学生的积极性，提高学习兴趣，可以尝试采取角色模拟的方法来开展教学活动。例如，教师模拟投资人，学生模拟内蒙古地区政府工作人员，讨论对内蒙古地区畜牧业发展投资问题。由学生论证三个重要问题：（1）内蒙古地区具有发展畜牧业的优良自然条件，具有很大的发展潜力；（2）目前，受到国家政策的支持和社会经济发展、市场扩大的影响，中国畜牧业发展面临很大的机遇。（3）找到需要投资人重点投资的方向，如生产技术的提高等。最后引导学生认识到，只有各民族团结合作，才能促进内蒙古畜牧业的发展。

六、教学资源

（1）http://www.yangzhi.com/news/200802/2008_02_23_119973.html

（2）http://news.nmgnews.com.cn/bynem/article/20070604/144440_1.html

（3）http://baike.baidu.com/view/60584.htm

（4）http://news.xinhuanet.com/politics/2009-08/12/content_11866965.htm

第二章 高二年级

第一节 资源的跨区域调配
——以我国西气东输为例

一、教材中的知识点[①]

本节知识点位于：普通高中课程标准实验教科书，高二年级地理必修三，第五章《区际联系与区际协调发展》，第一节《资源的跨区域调配——以我国西气东输为例》，第86页。

二、民族团结教育的切入点

了解西气东输的起止点、经过地区，西气东输对东西部环境与经济的影响。了解新疆地区丰富的自然资源，并理解资源的合理开发对少数民族地区的环境和经济发展都十分有利。

三、教学目标

能看图说出我国西气东输工程的概况，如起点、终点、经过的主要省区等。分析并说出西气东输给区域经济发展带来的深刻影响。

四、教学设计

（一）引言

随着人类社会的不断发展，人类对能源的需求量不断增多，同

[①] 人民教育出版社课程教材研究所、地理课程教材研究开发中心编著：《普通高中课程标准实验教科书地理必修3》，北京，人民教育出版社，2007。

时能源的消费结构也不断发生变化,清洁、环保的能源使用比重不断上升。天然气作为一种清洁型能源,需求量在世界范围内不断上升。

2003年,我国就已超过日本成为仅次于美国的世界第二大能源消费国。但是我国能源消费以煤炭和石油为主,其中煤炭消费占三分之二,煤炭的高排放、高污染已经令东部脆弱的生态环境不堪重负。因此我国政府不断鼓励工业部门和居民使用环保能源,如天然气和液化石油气等。

我国陆上天然气资源主要分布在新疆、青海、川渝和陕甘宁四大气区,总体特征是东少西多、南少北多。我国天然气产区在西部,而消费主要在东部,生产区与消费区在空间上不匹配,制约了社会经济的发展。

西气东输工程通过管道将天然气运到经济发达的东部沿海地区,可以充分发挥西部天然气的功效,实现能源供求新的平衡,促进东西部的共同发展,是一项双赢的工程。

(二) 教学过程

【图片展示】:中国油气资源分布图(来源可参考教学资源,下同)

教师:请读图说出我国油气资源的分布。(使学生了解我国油气资源分布概况,并训练读图及定位能力)

学生:(学生读图、思考、概括、作答)塔里木盆地、四川盆地、柴达木盆地、鄂尔多斯高原、东北等。

教师:西部是油气资源的主要产区,而油气资源的主要消费区在哪里?这种分布对经济发展有何影响,为解决这个问题应该怎么办?(问题逐步深入,训练学生分析探讨问题的能力)

学生:主要消费区在东部经济发达地区,资源消费区与生产区在空间上不匹配会阻碍经济发展,应该把西部的油气资源输送到东部。

【图片展示】:西气东输工程示意图

教师:看图说出西气东输工程的起点、终点,以及其经过的主要省区、地形区和农业区。(培养学生读图、析图、从图像中获取

信息的能力）

学生：西气东输工程西起新疆塔里木轮南油气田，向东经过库尔勒、吐鲁番、鄯善、哈密、柳园、酒泉、张掖、武威、兰州、定西、西安、洛阳、信阳、合肥、南京、常州等大中城市。东西横贯新疆、甘肃、宁夏、陕西、山西、河南、安徽、江苏、上海等9个省区，全长4200千米。东至上海。西气东输主干管道穿过的地形区有：塔里木盆地—河西走廊—黄土高原—华北平原—长江中下游平原；西气东输主干管道穿过的商品粮基地有：河西走廊—银川平原—江淮地区—太湖平原。

【活动】学生表演小品《家乡巨变》。学生根据小品内容总结西气东输对西部地区的影响。

背景资料：新疆阿克苏地区的拜城县是西气东输主力气源地——克拉二气田所在地。

场景：两个新疆拜城县的维吾尔族小伙在路上聊天。

甲：买买提，你的工作找到了吗？

乙：找到了，修建克拉二气田需要很多工人，工作很好找。怎么样，你的水泥厂效益还好吧？

甲：哎呀，修气田需要很多很多的水泥，现在水泥好卖得很。西气东输给咱们拜城带来的变化真大呀。

乙：就是嘛，现在村村都通上了公路，出门方便多了，我家也用上了天然气，以后再也不用去砍柴了。

甲：以后县政府更有钱了，各种社会保障都会跟上，咱们的好日子还在后面呢。

教师：结合下图分析西气东输工程对西部经济发展有什么促进作用？（培养学生的总结归纳能力）

学生：（1）推动天然气勘探开发和管道等基础设施建设，增加就业机会，拉动相关产业的发展。（2）将资源优势转变为经济优势，成为新的经济增长点。提高资源的利用效率，促进东、西部的协调发展。

教师：有人说西气东输工程不仅对西部经济发展有利，还能改善西部的生态环境，这是为什么？（培养学生进一步探讨问题的能力）

学生：沿线农村地区，推广使用天然气，缓解因植被破坏带来的环境压力。

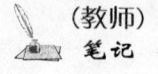

(教师)笔记

五、教学反思

采用小品的形式,既有利于提高学生兴趣,又可以加深学生对西部地区变化的理解。

1. 这样的教学过程思路较清晰顺畅,能够训练学生多项能力。

2. 本课不足之处在于,只是展示图和资料让学生分析问题,感觉内容和生活较远,学生无法直观感受,因此学习兴趣不够浓厚,积极性不高,影响了教学效果。

3. 应该充分发挥我校(潞河中学)内高班的优势,让新疆同学结合自身的实际情况来说说西气东输工程给他们生活带来的影响。这样的好处有:(1)由于语言问题,新疆学生表达能力不是很强,这样的课堂设计可以让新疆学生多说一说,训练表达能力。(2)新疆学生谈自己家乡的生活,可以增进对家乡的了解。(3)有一些情况让学生来说更有说服力,印象会更深刻。

也可以让汉族学生说一说天然气对生活的重要性,比如可以假设没有天然气生活会怎样。这样,一方面让学生们体会少数民族地区对东部经济发展所做的贡献,感恩西部,另外可以增强新疆学生的民族自豪感。

六、教学资源

(1) http://www.sinopecnews.com.cn/shnews/2006-08/03/content_376656.htm

(2) 中国石化新闻网

(3) http://baike.baidu.com/view/15106.htm?fr=ala0_1

第二节 中外著名旅游景区欣赏

一、教材中的知识点[①]

本节知识点位于:普通高中课程标准实验教科书,高二年级地

---

① 人民教育出版社课程教材研究所、地理课程教材研究开发中心编著:《普通高中课程标准实验教科书地理选修3》,北京,人民教育出版社,2007。

理选修三《旅游地理》，第三章《旅游景观的欣赏》，第二节《中外著名旅游景区欣赏》，第43页。

二、民族团结教育的切入点

本课通过学习元阳发展梯田的自然条件、元阳梯田的审美特征及欣赏方法，从而更加了解元阳梯田因地制宜的理念，感悟哈尼族人民顽强、勤劳的性格和与生俱来的艺术天赋。

三、教学目标

通过景观图片总结元阳梯田景观的形成原因、审美特征及欣赏方法。

四、教学设计

（一）引言

随着国民经济的不断发展，人们的旅游活动越来越频繁，我国的旅游业发展迅速。我国的旅游资源极其丰富，尤其是多分布在少数民族地区。西南地区是我国少数民族最多的地区，众多的少数民族人民在这里创造了灿烂多元的文化，吸引了大批游客观光感受。元阳梯田就是其中的代表。

元阳梯田位于云南省元阳县的哀牢山南部，是哈尼族人世世代代留下的杰作。哈尼族是一个人数很少的民族，但这个民族以绝妙的手法，将梯田雕琢得灵妙非凡，他们在终日缥缈的雾气下，努力追求一种人与自然的和谐。

（二）教学过程

【图片展示】出示美丽的梯田景观图片

教师：今天，我们走进云南元阳。这里最吸引人的景观是出名的梯田景观。

哈尼族人对梯田的开垦，并非是对自然的征服。他们相信在周遭的山水间存在着众多主管自然的神灵，哈尼族人寓居于此，只是接受着神的眷顾。但我们学习科学知识，在陶醉于这些美景的同时，更要从地理学科的角度，理性的分析梯田景观的成因。

【出示资料】元阳梯田文字资料（见下文）、云南元阳地理位置地图

元阳梯田位于云南省元阳县的哀牢山南部，是哈尼族人世世代代留下的杰作。元阳哈尼族开垦的梯田随山势地形变化，因地制宜，坡缓地大则开垦大田，坡陡地小则开垦小田，甚至沟边坎下石隙也开田，因而梯田大者有数亩、小者仅有簸箕大，往往一坡就有成千上万亩。元阳梯田规模宏大，气势磅礴，绵延整个红河南岸的红河、元阳、绿春及金平等县，仅元阳县境内就有17万亩梯田，是红河哈尼梯田的核心区。元阳县境内全是崇山峻岭，所有的梯田都修筑在山坡上，梯田坡度在15°~75°之间。以一座山坡而论，梯田最高级数达3000级，这在中外梯田景观中是罕见的。

教师：根据教材中元阳的地理位置，结合你已有的地理知识，说出元阳的地理环境特征，分析元阳梯田的成因。

学生：（学生分组讨论，看图作答）

参考答案：元阳的地貌特征是山高谷深，沟壑纵横；县内气候多属亚热带季风类型，总体降水量丰富，热量充足。但因地形复杂差悬殊，立体气候突出。

教师：出示元阳梯田成因的结构图

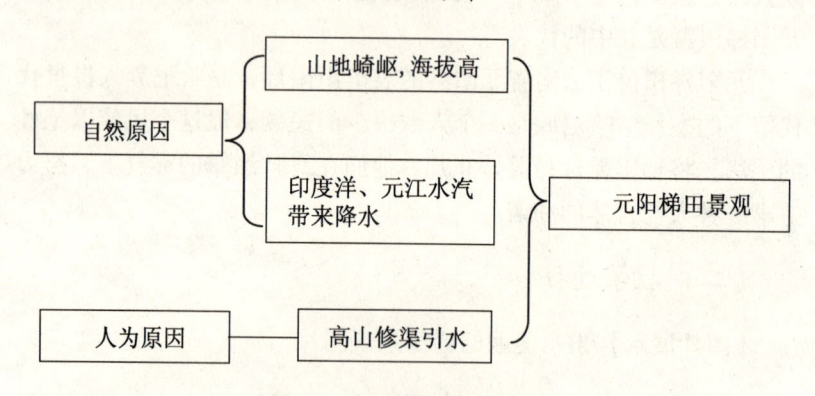

```
自然原因 ─┬─ 山地崎岖,海拔高
         │                      ─┐
         └─ 印度洋、元江水汽      ├─ 元阳梯田景观
            带来降水             │
                                ─┘
人为原因 ─── 高山修渠引水
```

图18　元阳梯田成因结构图

教师：了解了梯田的成因，那我们现在可以从更专业的角度去欣赏美景了。（展示元阳梯田的资料和图片，让学生欣赏让学生感受旅游资源的美）

教师：同学们认为元阳梯田体现了哪些旅游景观审美的形态？以上几幅图片体现了那些旅游景观欣赏的方法呢？

学生：该地的景观是人类活动与自然协调的结果。每一个村寨

的上方，必然矗立着茂密的森林，提供着水、用材、薪炭之源，其中以神圣不可侵犯的寨神林为特征；村寨下方是层层相叠的千百级梯田，那里提供着哈尼人生存发展的基本资源——粮食；中间的村寨由座座古意盎然的蘑菇房组合而成，形成人们安居乐业的场所。这一结构被文化生态学家盛赞为"江河——森林——村寨——梯田"四度同构的人与自然高度协调的、可持续发展的、良性循环的生态系统，就是千百年来哈尼人民生息繁衍的美丽家园。

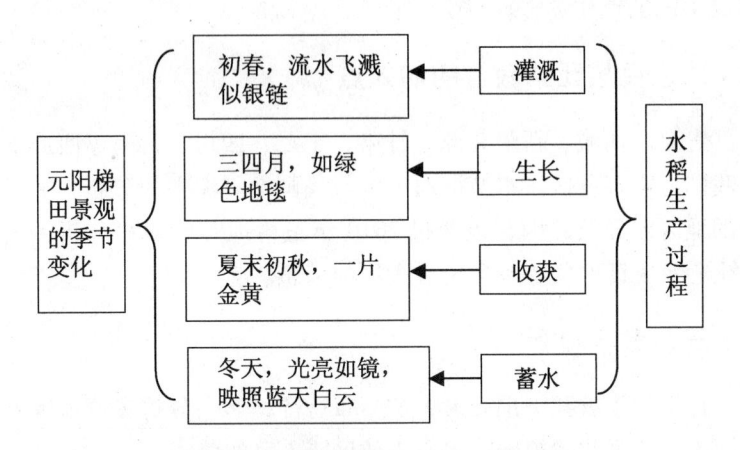

图19　元阳梯田景观与水稻生产关系图

五、教学反思

地理选修课教学任务较为灵活，可以寻找更好的切入点，发挥出学生的主体作用。这节课非常适合由学生自主、合作、探究学习。首先，教师可以提前布置相关任务，如元阳梯田的成因探究、欣赏方法确定等，要求学生制作PPT，课上分组进行汇报。还可以让去过这里旅游的学生提供旅游时的图片，充当导游的角色，向班级内的其他学生进行介绍；若学生没有去过元阳梯田，可以要求提前查阅资料，做好去那里旅游的准备，也可以在班级内进行介绍。

六、教学资源

（1）http：//baike.baidu.com/view/24928.htm

（2）元阳梯田摄影图片、文字介绍资料，http：//www.vipcct.com/Photo/List_ 472.html

（3）元阳梯田，http：//www.3ktrip.com/info‐detail‐5129.html

第三节　中国的地质灾害

一、教材中的知识点[①]

本节知识点见于：普通高中课程标准实验教科书，高二年级地理选修五《自然灾害与防治》，第二章《中国的自然灾害》，第二节《中国的地质灾害》，第30页。

二、民族团结教育的切入点

青海、西藏、新疆北部、甘肃、宁夏、四川、云南等西部地区是我国地震多发区。本节课通过学习我国地震灾害的分布、地震灾情的地区差异及原因，也通过2010年玉树地震的资料分析，增强学生心系灾区、关心少数民族人民的情感。

三、教学目标

让学生了解我国地震灾害的分布特征，学会分析灾情地区差异的原因，增强热爱祖国，关心少数民族人民的情感。

四、教学设计

（一）引言

近几年，世界范围内地震灾害频发，汶川地震、玉树地震的发生牵动了亿万人们的心。

我国地处两大地震带的交界位置，是一个地震多发的国家。1966年河北邢台地震、1976年河北唐山地震、2008年四川汶川地震、2010年青海玉树地震无不给我们留下了惨痛的记忆。

让中学生加强对地震灾害的了解，是知识教育更是生命教育。

（二）教学过程

2008年5月12日汶川地震、2010年4月14日玉树地震

[①] 人民教育出版社课程教材研究所、地理课程教材研究开发中心编著：《普通高中课程标准实验教科书地理选修5》，北京，人民教育出版社，2007。

教师：请你在地图上指出汶川和玉树的大概位置（训练定位能力）。我国哪些地区已发生地震灾害呢？

【出示地图】出示中国地震分布图

教师：请同学们看图说出我国地震多发区（训练读图及描述能力）。

学生：我国地震多发区有青藏、川滇、新疆、华北和台湾地区等。

教师：为什么这些地区容易发生地震灾害？根据你学习的地震原理的知识，进行简要的解释。

学生：（思考、分组讨论、陈述）地震的发生往往是岩石受到挤压断裂释放能量而引起的。因此，在板块交界处、地壳运动活跃的地区，易发生地震。青藏、川滇地区位于亚欧板块和印度洋板块挤压碰撞地带，华北、台湾地区位于亚欧板块和太平洋板块俯冲交界地带，地壳运动活跃，因此，多发生地震。

教师：玉树地震造成2220人遇难，汶川地震却造成近十万人遇难，你认为造成两次地震灾情不同的原因有哪些？

【参考资料】

表8 地震灾害情况对比分析表

	玉树地震	汶川地震
震源深度	14千米	14千米
强度对比	7.1级左右，破裂长度30千米左右	震级8.0级，破裂长度300千米
震区建筑	玉树灾区建筑多为土木结构，玉树县城强震后土木结构房屋几乎全部倒塌	汶川灾区建筑多为砖石结构
波及范围	青海玉树地震对四川部分地区带来影响，四川甘孜州石渠、白玉等地震感较为明显	除了四川外，陕西、河南、湖北、重庆等四省市出现伤亡，大半个中国均有震感

学生：（思考、分组讨论、陈述）玉树地震震级比汶川地震震级小，破坏力小；玉树建筑物结构多为土木结构，伤害力小；玉树地震影响范围内人口密度小，人口稀少。

教师：有人说如果地震发生在东部地区灾情会更加严重，这是为什么呢？（了解影响灾情的因素）

学生：（讨论并回答）东部地区人口财产密集，如遇灾情损失较大。西部地区人口稀少，财产、建筑物密度较低，因此灾情损失较小。

教师：读教材图 2.11（见教材 31 页）说出我国地震灾情的变化，并分析造成这种变化的原因。（训练分析问题的能力）

学生：（讨论并回答）我国地震灾情损失越来越严重。原因是随着社会经济发展水平提高，人口增加，经济更为发达，因此地震造成的绝对损失就大。

教师：玉树地震牵动了全国人民的心，地震发生后国家立即组织救援队进行营救，如何进行地震震后的救援呢？请你说出一些措施。

学生：运送物资（水、粮、帐篷等），挽救生命，恢复生命线工程（输电线、交通线等）。

五、教学反思

本节课需要解决的核心地理问题是：（1）地震灾害分布特征——我国西部地区为地震多发区，东部地区地震灾害较少。（2）地震灾情分布特征——地震灾情损失大小与人口、财产、建筑物密度有很大关系，因此我国东部地区如遭遇地震灾情，绝对损失反而更大。这一点与学生的常规思维有一定差异，是需要重点强调的点。（3）因为经济水平的差异，我国西部地区防抗灾能力较弱，地震灾害又频繁，地震发生后，需要得到及时的救援和救助，需要鼓励学生形成全国各民族团结互助的精神和情感。

六、教学资源

(1) http：//baike.baidu.com/view/3481647.htm? fr=ala0_ 1JHJ4

(2) http：//heavenstudio.5d6d.com/thread-90-1-1.html

政 治 篇

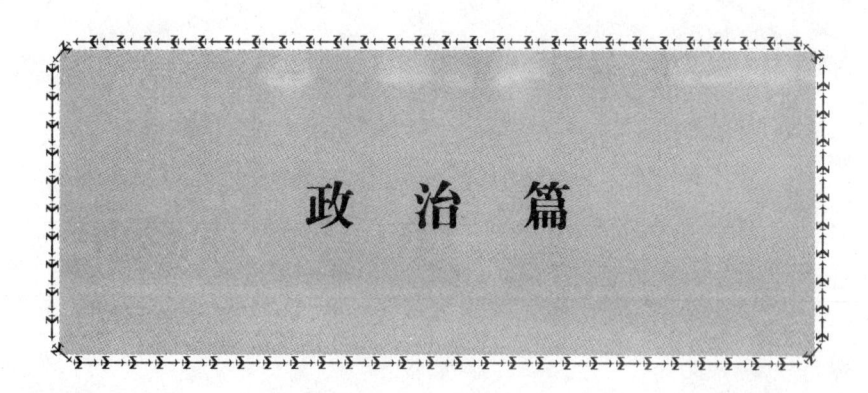

第一章 高一年级

第一节 国家财政

一、教材中的知识点[①]

本节知识点见于：普通高中课程标准实验教科书，高一年级思想政治必修1《经济生活》，第三单元第八课《财政与税收》，第64页。

二、民族团结教育的切入点

财政有促进资源合理配置的作用，国家通过财政支持少数民族地区发展。

三、教学目标

让学生理解财政的作用，认识到中华各民族都是一家人，中国发展离不开各民族发展，理解我国财政政策协调国内资源，促进各民族和各地区共同发展的作用。

四、教学设计

（一）导入

现实生活中，我们几乎处处能感受到政府为我们提供的各种服

[①] 教育部普通高中思想政治课、课程标准实验教材编写组编著：《普通高中课程标准实验教科书思想政治必修1》，北京，人民教育出版社，2008。

务。在我们国家,为了履行对内对外职能,国家必须占有和消费一定的社会财富。国家的收入和支出就是财政。国家财政在社会经济生活中发挥着巨大的作用。

(二)课堂教学

教师:国家财政是促进社会公平、改善人民生活的物质保障,具有促进资源合理配置的作用,也具有促进国民经济平稳运行的作用。阅读以下材料,请思考:该材料反映了财政的什么作用?主要反映了财政的哪些方面支出?请结合材料简要说明。

【教学材料】
中央组织部、中央统战部、国家发展改革委、西藏自治区2011年7月20日在拉萨召开对口支援西藏工作座谈会,总结工作成绩,交流经验做法,部署下一步任务,推进援藏工作科学化、制度化、规范化。自2001年中央召开第四次西藏工作座谈会至今,中央对西藏的扶持力度越来越大。西藏自治区发改委主任金世洵近日在接受新华社记者专访时透露,9年来,国家为西藏提供财政补贴和进行固定资产投资累计达3100多亿元。其中,中央财政补贴累计近2000亿元,年均增长20%以上,西藏财政每花100元,就有90多元来自中央财政;国家对西藏的固定资产投资超过1100亿元,主要用于"十五"期间117个项目和"十一五"期间180个项目的建设,建成了以青藏铁路为标志的一大批关系西藏经济社会发展的重点项目。[①]

学生:国家财政可以改善贫苦地区人民的生活,使少数民族感受到国家的支持与帮助,促进少数民族地区社会经济发展。
教师:材料反映了国家财政有促进资源合理配置的作用,国家通过财政支持一些地区的发展,同时对于需要大量资金投入、建设周期长、投资风险大的基础设施建设,国家通过财政支持这些行业的建设;也反映了财政是促进社会公平、改善人民生活的物质保障,起着保障和提高人民生活水平、推动建设和谐社会的作用。

---

① 注:材料来自中华人民共和国中央人民政府网站。

（三）教师总结

我们要建设和谐社会，注意解决各地区发展不平衡的问题，国家利用财政政策调控宏观经济，目标就是使我们这个大家庭的每个成员都能过上幸福的小康生活，促进各民族共同繁荣。

五、教学反思

了解财政支出的用途可见国家对少数民族地区经济社会发展的关注和努力。展示数据材料，学生可以深刻感受到国家通过财政政策促进各民族共同繁荣、共同发展的努力。教师出示资料，呈现事实，学生可以主动地思考和学习，并把思考与接受的知识、观点、思想内化并贯彻到行动中。

六、教学资源

（1）中国人民共和国国家民族事务委员会网站：《中央财政如何加大对兴边富民行动重点县的支持》，2007年6月15日，http://www.seac.gov.cn/gjmw/zt/2007-06-15/11818789072599071.htm

（2）中华人民共和国国家民族事务委员会网站：《回看2009：民族经济工作成绩斐然》，http://www.seac.gov.cn/gjmw/xwzx/2009-12-31/1262221212650716.htm

（3）中华人民共和国中央人民政府网站：《中央扶持全国支援西藏总体进入跨越式发展新阶段》，http://www.gov.cn/jrzg/2010-01/28/content_1521567.htm

（4）新华网：《对口支援西藏工作座谈会召开 习近平出席并作讲话》，http://news.xinhuanet.com/2011-07/20/c_121696862.htm

第二节 人民代表大会：国家权力机关

一、教材中的知识点[①]

本节知识点见于：普通高中课程标准实验教科书，高一年级思想政治必修2《政治生活》，第三单元第五课《我国的人民代表大

---

① 教育部普通高中思想政治课、课程标准实验教材编写组编著：《普通高中课程标准实验教科书思想政治必修2》，北京，人民教育出版社，2010。

会制度》，第 54 页。

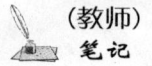

二、民族团结教育的切入点

各少数民族与汉族都以平等的地位参与国家大事和各级地方事务的管理。

三、教学目标

了解人民代表大会的性质和职能，理解人民代表的地位、职权和义务。通过介绍"两会"与少数民族的知识，进一步认识和了解我国的人民代表大会制度。

四、教学设计

（一）导入

教师：每年 3 月份在北京都要召开全国人民代表大会和中国人民政治协商会议两个重要的会议，简称"两会"，召开"两会"是我国政治生活领域中重要的大事和重要内容。大家知道"两会"指的是什么会议吗？

学生：（回答略）

教师：有同学说对了，"两会"指的是全国人民代表大会和全国人民政治协商会议。"两会"的召开体现人民当家做主权利的实现。人民当家做主是社会主义民主政治的本质和核心。

（二）课堂教学

我国宪法规定："中华人民共和国的一切权力属于人民。人民行使国家权力的机关是全国人民代表大会和地方各级人民代表大会。"

教师：请同学阅读教材，思考：人民如何行使管理国家的权力？（人民是怎么当家做主的？）并试着回答这个问题。

学生：阅读教材并回答（略）

教师：要进一步了解人民如何行使权力，真正实现人民当家做主的问题，我们就要详细了解人民代表大会制度及人大代表制度的有关基础知识。下面请同学们自主阅读教材内容，梳理本课的知识体系。

【PPT展示】

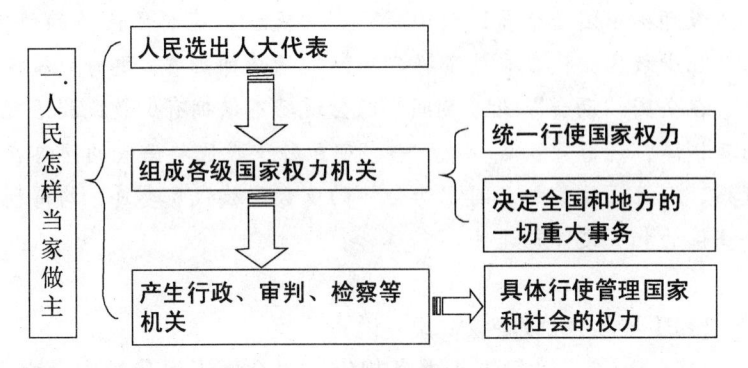

```
                    ┌─ 人民选出人大代表
                    │         ↓
一、人民             ├─ 组成各级国家权力机关 ─┬─ 统一行使国家权力
怎样当              │         ↓              └─ 决定全国和地方的一切重大事务
家做主              └─ 产生行政、审判、检察等机关 → 具体行使管理国家和社会的权力
```

图20 人民当家做主的实现

【PPT展示】本课主要知识体系：

一、人民如何行使管理国家的权力、当家做主的？

二、人民代表大会：

1. 人民代表大会的性质
2. 全国人民代表大会的性质、职权、地位
3. 地方各级人民代表大会的性质、职权
4. 人大常委会是什么样的机构，职权
5. 我国国家权力机关的体系、职权

三、人大代表

1. 法律地位
2. 产生
3. 任期
4. 权利
5. 职责（义务）

教师引导学生逐一归纳整理，进一步讲解（详细内容略）。

教师：我们是一个多民族大家庭，每年的全国人大会上都会有来自全国各地的少数民族代表们，他们像普通代表一样认真地履行当家做主的职责。我们来了解一下"两会"与少数民族代表的信息。

(教师)笔记

(教师)笔记

【PPT展示】"两会"图片展示

（教师可从网上搜集少数民族代表在"两会"上的照片，给学生以形象而直观的观感）

教师：中国是个多民族国家，有的民族拥有自己民族的语言。为了让少数民族代表委员了解"两会"的精神实质，更好地履行职责，在全国"两会"开幕期间，两会现场不仅拥有少数民族语言的同声传译，还有蒙、藏、维、哈、朝5种少数民族语言的网络在线直播。而且每位参加全国"两会"的少数民族代表委员，均得到大会提供的相关文件翻译件。

【PPT展示】《议一议，说一说》

《宪法》第三章第五十九条规定："全国人民代表大会由省、自治区、直辖市、特别行政区和军队选出的代表组成。各少数民族都应当有适当名额的代表。"第六十五条规定："全国人民代表大会常务委员会组成人员中，应当有适当名额的少数民族代表。"

《选举法》规定："在同一少数民族人口不到当地总人口15%时，少数民族每一代表所代表的人口数可以适当少于当地人民代表大会每一代表所代表的人口数，人口特别少的民族至少也应有一名代表。"这种对少数民族当选保障名额的规定，是以民族为标准，在全国人大代表名额的分配上对少数民族实施的一种优惠措施。

教师：对我国《宪法》和《选举法》中关于少数民族代表名额分配的规定，你是如何认识的？

学生：讨论并回答（略）

教师：同学们讨论和说明得很有道理。在我国，在全国人大代表名额的分配上对少数民族实施的一种优惠措施，看起来是一种不平等。事实上，该规定所产生的民族差别待遇，是以形式上的不平等追求实质上的平等，具有正当性；该差别待遇的目的是给予少数民族合理补偿，提高其政治参与机会，更好地保证了少数民族人民当家做主的权利。

西藏自治区是中国实行民族区域自治的五个省级自治地方之一。从西藏自治区成立以来，西藏人民积极行使宪法和法律赋予的选举权和被选举权，参加选举全国和自治区各级人民代表大会的代表，并通过人大代表参与管理国家和地方事务。请看PPT所展示材料。

【PPT 展示】

材料一：2002 年，在西藏的自治区、地（市）、县、乡（镇）四级换届选举中，全区有 93.09% 的选民参加了县级直接选举，有些地方选民参选率达到 100%。在选举出的人大代表中，藏族和其他少数民族代表所占的比例，在自治区和地市两级达 80% 以上，在县、乡（镇）两级达 90% 以上。

据统计，目前，藏族和其他少数民族在自治区人大常委会主任、副主任中占 87.5%；在自治区人大常委会委员中占 69.23%；在自治区主席、副主席中占 57%；在自治区政协常委和委员中分别占 90.42% 和 89.4%。藏族和其他少数民族公民占自治区、地（市）、县三级国家机关组成人员的 77.97%，分别占三级人民法院和人民检察院干部总数的 69.82% 和 82.25%。

——《西藏的民族区域自治白皮书》

材料二：在全国人大代表中，西藏自治区有 19 名代表，其中有 12 名为藏族公民。在历届全国人民代表大会常务委员会中，先后有十四世达赖、十世班禅、阿沛·阿旺晋美、帕巴拉·格列朗杰、热地等藏族公民担任全国人大常委会副委员长。目前，西藏有 29 名藏族和其他少数民族人士担任全国政协委员和常务委员，其中，阿沛·阿旺晋美、帕巴拉·格列朗杰担任全国政协副主席。

——《西藏的民族区域自治白皮书》

第十一届全国人大西藏代表团实有代表 20 名：其中汉族代表 5 人，少数民族代表 15 人（门巴族 1 人，珞巴族 1 人，藏族 13 人）。

——中国政府网 2011 两会资料

教师：材料一和材料二说明了什么问题？

学生思考并回答：（略）

（说明西藏人民通过人大代表制度参与管理国家和地方事务的权利得到很好地落实，西藏人民在政治上的自治权得到保障，也反映了西藏民主政治的进步与发展。）

（三）教师总结

不仅仅在西藏自治区，还有新疆、内蒙古、宁夏、广西、云

(教师)笔记

南、贵州等少数民族聚居地,通过国家宪法和相关法律的实施,通过少数民族相关政策法规的落实,少数民族的政治民主权利和社会生活权益都得到了有效保障。少数民族与汉族一起,团结一致,共同发展我国的政治、经济、文化,共同建设美好生活。

五、教学反思

通过老师提问,引导学生自主阅读、整理本课主要知识,发挥了学生主体作用。在教学过程中,补充了课外的许多资料和图片,让课堂与社会紧密结合,能有效帮助学生理论与实际相结合。教学设计中关于少数民族代表名额分配问题的思考,对于高中学生有些过深,只要求学生有最基本的认识,不作深入理解的要求。"议一议,说一说"环节的设置,有助于学生深化思维,更好地理解我国的相关民族政策。

六、教学资源

(1) 杨芳:《论少数民族全国人大代表保障名额规定符合宪法平等原则》,载《民族研究》,2008(06)。

(2) 中国民族宗教网:《各级人大代表中的少数民族代表名额》,http://www.mzb.com.cn/html/report/125585-1.htm

(3) 中国民族宗教网:《在民族地区各级人民代表大会代表的选举过程中的特殊规定》,http://www.mzb.com.cn/html/report/125584-1.htm

(4) 吴仕民主编:《中国民族政策读本》,北京,中央民族大学出版社,1998。

第三节 处理民族关系的原则:平等、团结、共同繁荣

一、教材中的知识点[①]

本节知识点见于:普通高中课程标准实验教科书,高一年级思想政治必修2《政治生活》,第三单元第七课《我国的民族区域自

---

① 教育部普通高中思想政治课、课程标准实验教材编写组编著:《普通高中课程标准实验教科书思想政治必修2》,北京,人民教育出版社,2008。

治制度及宗教政策》，第 72 页。

二、民族团结教育的切入点

我国是统一的多民族国家，新中国成立后建立起平等团结互助和谐的社会主义新型民族关系。处理民族问题要坚持民族平等、团结、共同繁荣的基本原则。

三、教学目标

理解并坚持处理民族关系的基本原则；提高尊重少数民族、加强民族团结的自觉性，增强促进各民族共同繁荣的历史使命感和责任感。

四、教学设计

（一）导入

我国是一个统一的多民族国家，56 个民族共同组成了祖国大家庭。我们伟大的祖国是各民族共同缔造的：各族人民共同开拓了国家的辽阔疆域，共同发展了祖国的经济和文化，共同捍卫了祖国的独立和尊严，共同创立了社会主义新中国。

请用你所掌握的知识、史实加以印证。

（提示：1840 年鸦片战争之后的 100 多年间，在国家面临被列强瓜分、民族生死存亡的危急关头，各族人民奋起反抗、共赴国难。19 世纪，新疆各族人民支持清朝军队消灭了中亚浩罕国阿古柏的入侵势力，挫败了英、俄侵略者企图分裂中国的阴谋。西藏军民在 1888 年的隆吐山战役和 1904 年的江孜战役中，重创英国侵略者。自 1931 年"九·一八"事件后，在反抗日本帝国主义侵略的抗日战争中，中国各族人民同仇敌忾、浴血奋战，其中的回民支队、内蒙古大青山抗日游击队等许多以少数民族为主的抗日力量，为抗战胜利做出了不可磨灭的贡献。各族人民在反抗外来侵略的同时，针对一小撮民族分裂分子在外部势力扶持下策划、制造的"西藏独立"、"东突厥斯坦"、伪"满洲国"等分裂行径，进行了坚决的斗争，捍卫了国家统一和领土完整。）

（二）课堂教学

教师：新中国成立后，我们建立起平等团结互助和谐的社会主

义新型的民族关系。在处理民族关系时，我们要坚持民族平等、民族团结和各民族共同繁荣的基本原则。（分别解析三条基本原则）

1. 民族平等

教师：我国宪法规定"中华人民共和国各民族一律平等"。请同学们思考，为什么应该坚持民族平等？你如何理解民族平等？

学生思考，相互交流后回答：（略）

教师：各个民族人口数量有多有少，但都在历史发展过程中为人类做出过贡献。这是各民族平等的基础（用具体事实加以说明）。民族发展也有先后之分，但他们都不应该在共同发展中受到任何歧视或者压迫，为什么？

学生：（略）

（各民族各有自己的优势和特点，请学生列举一些少数民族的长处。）

教师：在我国，"各民族一律平等"包括三层含义：一是各民族不论人口多少，历史长短，居住地域大小，经济发展程度如何，语言文字、宗教信仰和风俗习惯是否相同，政治地位一律平等；二是各民族不仅在政治、法律上平等，而且在经济、文化、社会生活等所有领域平等；三是各民族公民在法律面前一律平等，享有相同的权利，承担相同的义务。因此，我们坚决反对一切形式的民族压迫和民族歧视。在中国，任何煽动民族仇视和歧视、破坏民族平等团结的言行都是违法的。

【PPT 展示】

材料一：我国宪法规定："全国人民代表大会中各少数民族都应当有适当名额的代表。"

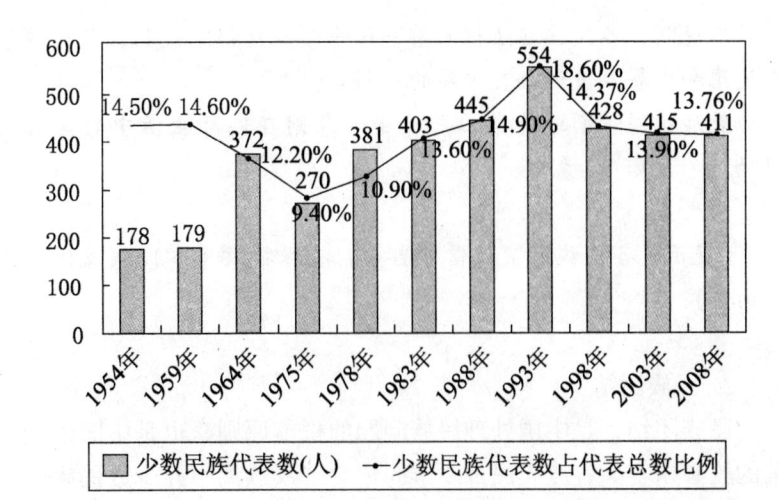

图 21　历届全国人民代表大会少数民族代表占代表总数的比例

材料二：公民的合法权益一律受到平等地保护，对违法行为和任何人犯罪都依法予以追究，在适用法律上一律平等，不允许任何人有超越法律的特权。《中华人民共和国民事诉讼法》第十一条规定："各民族公民都有用本民族语言、文字进行民事诉讼的权利。在少数民族聚居或者多民族共同居住的地区，人民法院应当用当地民族通用的语言、文字进行审理和发布法律文书。人民法院应当对不通晓当地民族通用的语言、文字的诉讼参与人提供翻译。"《中华人民共和国刑事诉讼法》、《中华人民共和国行政诉讼法》和《中华人民共和国人民法院组织法》均作了类似的规定。

材料三：《宪法》规定："各民族都有使用和发展自己的语言文字的自由。"在国家政治生活中，全国人民代表大会、中国人民政治协商会议等重要会议，都提供蒙古、藏、维吾尔、哈萨克、朝鲜、彝、壮等民族语言文字的文件或语言翻译。中国人民币主币除使用汉字之外，还使用了蒙古、藏、维吾尔、壮四种少数民族文字。民族自治地方的自治机关在执行公务时，都使用当地通用的一种或几种文字。同时，少数民族语言文字在教育、新闻出版、广播影视、网络电信等诸多领域，都得到了广泛的应用和发展。

教师：请同学们思考，下列材料分别在哪些方面体现了民族平等原则？

学生思考并回答：（略）

（提示：材料一说明，各民族平等享有管理国家事务的权利。

材料二说明，各民族在法律面前一律平等。材料三说明，各民族享有使用和发展本民族语言文字的权利）

教师：同学们还能举出民族平等原则在实际生活中的其他表现吗？

学生：（略）

（提示：各民族有宗教信仰自由，有保持改革本民族风俗习惯自由等）

2. 民族团结

民族团结，是中国处理民族问题的根本原则，也是中国民族政策的核心内容。各族人民都要牢固树立"汉族离不开少数民族，少数民族离不开汉族，各少数民族之间也相互离不开"的思想观念。

教师：有人认为，民族团结就是汉族和少数民族之间的团结。你同意这种观点吗？为什么？

学生思考、讨论并回答：（略）

（提示：在我国，民族团结包括汉族和少数民族之间的团结，各少数民族之间的团结，以及同一少数民族内部成员之间的团结。维护民族团结，就是要求在统一的祖国大家庭里，在民族平等的基础上，各民族互相尊重、互相信任、互相学习、互助合作，同呼吸、共命运、心连心，不断巩固和发展平等团结互助和谐的民族关系）

【PPT 展示】

各级地方政府采取"民族团结宣传教育月"等形式开展民族团结进步创建活动，制定实施民族团结进步创建表彰办法等，如新疆维吾尔自治区将每年 5 月、内蒙古自治区将每年 9 月、吉林延边朝鲜族自治州将每年 9 月、贵州黔东南苗族侗族自治州将每年 7 月定为"民族团结月"。

教师：请同学们讨论，为什么要宣传和维护民族团结？

学生思考、讨论、回答：（略）

教师：民族的团结和民族的凝聚力与国家的前途命运息息相关，是社会稳定的前提。只有实现了民族团结，社会才能安定和谐，人民才能安居乐业，国家才能长治久安。民族团结也是经济发展和社会进步的保证。各民族只有团结一心，才能聚精会神搞建设，使经济社会取得长足进步、各族人民生活不断得到改善。民族团结还是国家统一的基础。没有民族团结，必然是民族矛盾、冲突不断，导致国家四分五裂、一盘散沙。

3. 各民族共同繁荣

巩固和发展各族人民的大团结，核心是加快少数民族地区的经济建设，促进各民族的共同繁荣。坚持各民族共同繁荣发展，是中国民族政策的根本立场。1999年11月的中央经济工作会议提出"西部大开发战略"。少数民族的发展在新世纪正式置于国家重点发展的战略之中。

【PPT展示】西部大开发覆盖地理范围图（见国金证券研究所资料，图略）

西部大开发战略中的"西部"包括12个省、市、自治区，土地面积687万平方千米，约占全国土地面积的71.5%；人口约3.55亿，占全国人口的28.4%，世居民族38个。全国5个少数民族自治区全部在西部，30个自治州中27个在西部，全国少数民族人口的80%在西部。此外，未包括在西部地区的三个民族自治州，在实际工作中比照西部大开发若干政策措施予以照顾。因此，可以说，西部大开发实际上就是民族地区的大开发。

【PPT展示】2000、2008西部地区经济指标对照柱状图（图略，见新华网相关报道）

【PPT展示】摘自《西部蓝皮书：中国西部经济发展报告（2010）》的数据

——固定资产投资增速加快。2000—2008年，西部地区全社会固定资产投资比全国平均增速高1.9个百分点。近年来西部地区基础设施和生态环境建设快速推进，尤其是交通、通讯设施得到了很大改善。

——地区经济呈现高速增长。2009年，西部地区生产总值继续保持高速增长态势，分别比东部、中部和东北地区高2.8、1.8和0.9个百分点。

——地区工业化快速推进。从1999年到2008年，西部地区工业增加值占生产总值的比重由32.9%迅速提高到41.1%。

——居民生活水平明显改善。到 2008 年，西部城镇居民人均可支配收入达到 12971 元，农民人均纯收入达 3518 元，分别相当于全国平均水平的 82.2% 和 73.9%。

教师：实施西部大开发战略，加快当地少数民族和民族自治地方的经济和社会发展，对于全国的发展有什么重大意义？

学生分组讨论：（略）。

教师：没有民族自治地方的现代化，就没有全中国的现代化，没有少数民族的振兴，就没有中华民族的振兴。我国四分之三的少数民族人口分布在西部，加快西部发展，有利于促进民族团结，也有利于经济社会的共同发展。民族自治地方随着社会主义市场经济的发展，能够发挥后发优势，实现跨越式发展，与东部发达地区优势互补、互利互惠，推动共同繁荣。

民族平等、民族团结和各民族共同繁荣三项原则是互相联系、不可分割的。民族平等是实现民族团结的政治基础，二者又是实现各民族共同繁荣的前提条件，各民族共同繁荣是二者的物质保证。在实践中我们要坚持三项原则结合，正确处理民族关系，促进民族和谐。

（三）讨论与交流

（1）高考录取中，少数民族考生都要加分，或者招生中会降低录取分数线。你如何看待这一政策？你觉得这符合民族平等原则吗？（注意引导学生辩证地思考问题）

（2）对少数民族的风俗习惯，作为汉族同学，你的态度是什么？或者：如果汉族同学无意间触犯了你的风俗习惯或者民族禁忌，作为少数民族同学，你的态度是什么？

五、教学反思

通过老师提问引导学生思考、交流与讨论，在学习过程中，学生要回顾已经了解的历史知识，还要结合自己的生活实际来分析与说明，从而加深了对处理民族关系三原则的理解。问题导入与讨论交流的方式可以深化学生的思维，更好的培养学生独立思考的习惯和能力。

六、教学资源

（1）中国新闻网：《中国的少数民族人权事业不断发展呈现四特点》，2008年8月16日，http：//www.chinanews.com.cn/gn/news/2008/08－16/1350023.shtml。

（2）国务院新闻办公室：《中国的民族政策与各民族共同繁荣发展》（白皮书），北京，人民出版社，2009。

（3）中央宣传部宣传教育局、教育部思想政治工作司、国家民委政策法规司编：《民族团结教育通俗读本》，北京，学习出版社，2009。

（4）闵伟轩：《让中国特色处理民族问题道路越走越宽广》，中华人民共和国国家民族事务委员会网站，2010年7月19日，http：//www.seac.gov.cn/gjmw/xwzx/2010－07－19/1279264563558046.htm

（5）新华网：《西部蓝皮书：西部大开发十年成效显著》，2010年07月24日，http：//news.xinhuanet.com/politics/2010－07/24/c_12369106.htm。

（6）新华社：《2011年我国西部大开发新开工22项重点工程》，中华人民共和国国家民族事务委员会网站，2011年12月26日，http：//www.seac.gov.cn/art/2011/12/26/art_31_145939.html。

（教师）笔记

第二章 高二年级

第一节 博大精深的中华文化

一、教材中的知识点①

本节知识点见于：普通高中课程标准实验教科书，高一年级思想政治必修3《文化生活》，第三单元第七课《我们的中华文化》，第66页。

二、民族团结教育的切入点

各民族共同熔铸了中华文化，我国的少数民族文化也是中华文化的组成部分。

三、教学目标

（1）让学生了解各具特色的少数民族文化为中华文化的形成和发展所做出的贡献。

（2）让学生理解中华文化与各少数民族文化的关系。

四、教学设计

（一）导入

在中华文化的百花园中，各具特色的少数民族文化异彩纷呈，

---

① 教育部普通高中思想政治课、课程标准实验教材编写组编著：《普通高中课程标准实验教科书思想政治必修3》，北京，人民教育出版社，2008。

为中华文化的形成和发展做出了巨大贡献。我们通过几个侧面来领略一下少数民族文化的精彩。

(二) 课堂教学

【PPT 展示】敦煌石窟图片（教师按需求选择，图片略）

教师：中国古代文化灿烂辉煌，有着五千多年的历史，石窟艺术是古代文化中的一朵奇葩，占有很重要的地位。它分布广泛，反映了我国魏晋南北朝及隋唐时期的佛教艺术。我国主要石窟有甘肃敦煌石窟、山西大同云冈石窟、河南洛阳龙门石窟和四川大足石窟、乐山大佛等。它们随山雕凿、彩绘，形象生动自然，具有极高的艺术价值和研究价值。其中甘肃敦煌石窟更是古代汉、鲜卑、吐蕃及西域各族艺术家和劳动人民共同创造的艺术结晶。

在文学方面，少数民族也很有成就。

【PPT 展示】诗歌《见与不见》（原名《班扎古鲁白玛的沉默》，作者为扎西拉姆多多，2007 年作于北京）

你见，或者不见我
我就在那里
不悲不喜

你念，或者不念我
情就在那里
不来不去

你爱，或者不爱我
爱就在那里
不增不减

你跟，或者不跟我
我的手就在你手里
不舍不弃

来我的怀里

(教师)笔记

或者
让我住进你的心里
默然　相爱
寂静　欢喜

【PPT展示】诗歌《十戒诗》（本诗在很多书上说其作者为仓央嘉措，实际上除开头的两句和结尾的两句出自仓央嘉措的诗歌集，中间的部分为现代人延续之作，也充分反映了汉藏文化深度融合、不分彼此）

第一最好不相见，如此便可不相恋
第二最好不相知，如此便可不相思
第三最好不相伴，如此便可不相欠
第四最好不相惜，如此便可不相忆
第五最好不相爱，如此便可不相弃
第六最好不相对，如此便可不相会
第七最好不相谈，如此便可不相负
第八最好不相许，如此便可不相续
第九最好不相依，如此便可不相偎
第十最好不相遇，如此便可不相聚
但曾相见便相知，相见何如不见时
安得与君相决绝，免教生死作相思

教师：第六世达赖喇嘛仓央嘉措（1683—1706），生于西藏南部门隅地区，幼年当过牧童，熟悉农村风情，喜爱民歌，深受民间文学熏陶。15岁时，被册封为六世达赖喇嘛，入拉萨布达拉宫，由名师指点，学习佛教经典、诗歌和历算。仓央嘉措创作了大量诗歌。后人选出60多首代表性作品，编成《仓央嘉措情歌》，刻印成书流传于世。《仓央嘉措情歌》是藏族诗坛的奇葩，作者虽然是宗教领袖人物，但他敢于写出人的内心矛盾和对现实生活的理想，大胆地向传统势力挑战，表现了诗人巨大的勇气。这些作品不但思想内容是积极进步的，而且具有很高的艺术技巧。

关于藏族文学，比较有代表性的还有：八九世纪创作的敦煌文献《赞普传略》，11世纪初以后贡嘎坚赞的哲理诗《萨迦格言》，桑吉坚赞的传记文学《米拉日巴传》，才仁旺阶的长篇小说《旋努达美》等。

教师：同学们还能列举出其他少数民族文学作品或有名的作家吗？

学生回答：（略）

（提示：三大英雄史诗，有藏族的《格萨尔王传》、蒙古族的《江格尔》和柯尔克孜族的《玛纳斯》；优秀长诗，有彝族撒尼人叙事诗《阿诗玛》、傣族叙事诗《召树屯》、傈僳族民间长诗《逃婚调》、维吾尔族民间爱情叙事长诗《艾里甫和赛乃姆》等；少数民族文学家有：元代诗人耶律楚材、萨都剌，散曲作家贯云石，杂剧作家李直夫，清代词人纳兰性德等）

【PPT展示】多彩的少数民族服饰文化（图略，教师可从中国民族宗教网、东方民族网等获取）

教师：我们的许多少数民族都有自己独特的服饰，成为本民族文化的重要标识。同学们还能列举一些少数民族的服饰吗？并说说它们的特点

学生回答：（略）

【PPT展示】第九届全国少数民族传统体育运动会卡通图案（体育文化也是民族文化的重要内容。2011年9月10—18日，第九届全国少数民族传统体育运动会在贵阳成功举办，竞赛项目、表演项目和参赛运动员数量均创历届新高。教师可以从其官方网站上下载图片，展示给学生看。）

教师：民族体育活动的交流增强了文化的沟通。在民族运动会的助推下，赛龙舟、射弩、抢花炮等原本是南方少数民族的传统项目，已在北方大地悄然流行；而北方满族人民酷爱的珍珠球，则在西南边陲生了根。你能指出图片所代表的是哪一项少数民族体育运动项目吗？并简要介绍一下该项目。

学生回答：（略）

（提示：少数民族体育运动项目如独竹漂、押加、陀螺、高脚竞速、摔跤、射弩、马术、秋千等）

教师提问：民族传统体育，就其本质而言是一种民族文化，是各民族生产劳动、风土人情、宗教信仰、道德观念、节庆活动的综

合反映，是民族历史文化传统、思想价值取向的形象化表现，历经沧桑变迁而代代流传，成为载录人类文明的"活化石"。那么，大家思考一下：中华文化与各民族文化之间是什么关系？

学生回答：（略）

（提示：各民族文化共同组成了中华文化，各民族文化有中华文化的共性，也有各自的特性）

（三）教师总结

正像大家所认识到的，各民族文化共同组成了中华文化，各民族文化有中华文化的共性，也有各自的特性。因此我们说各民族共同熔铸了灿烂的中华文化，各民族都是中华民族不可分割的一部分。

五、教学反思

本教案的优点在于能充分发挥学生的能力，在教师的引导下举例并说明，从而自然地理解中华文化与民族文化之间的关系。课堂实际教学中，学生可以列举出很多少数民族的文化成就，彼此交流，很有成就感和乐趣。

六、教学资源

（1）《各民族杰出人物为祖国作出了重要贡献》，见中国民族宗教网，http://www.mzb.com.cn/

（2）《云南民族文化精品展在俄罗斯圣彼得堡开幕》，中华人民共和国国家民族事务委员会网站，2007年7月12日，http://www.seac.gov.cn/gjmw/mzwhws/2007-07-12/1184206199051414.htm

（3）CCTV.COM 视频：各民族艺术融合的敦煌中晚唐石窟艺术，http://vsearch.cctv.com/plgs_play-CCTVNEWS_20080226_2838927.html

（4）《四川省阿坝州建立羌族文化保护体系推进文化生态保护》，中华人民共和国国家民族事务委员会网站，2009年7月28日，http://www.seac.gov.cn/gjmw/xwzx/2009-07-28/1248742881881694.htm

（5）《第二届中国少数民族戏剧会演在宁夏银川隆重开幕》，中华人民共和国国家民族事务委员会网站，2010年7月19日，http://www.seac.gov.cn/gjmw/xwzx/2010-07-19/1279264563536368.htm

（6）阿来重述《格萨尔王》，中国西藏信息中心网站，http://tibet.cn/zt2009/09alcsgsr/gygsr/200902/t20090225_455039.html

（7）少数民族体育项目简介：见第九届全国少数民族传统体育运动会官方网站，http://www.9mzydh.gov.cn/

（8）中国民族宗教网"民族服饰"栏目，http://www.mzb.com.cn/html/node/36384-1.htm

第二节　用联系的观点看问题

一、教材中的知识点[①]

本节知识点见于：普通高中课程标准实验教科书，高二年级思想政治必修4，《生活与哲学》，第三单元第七课《唯物辩证法的联系观》，第57页。

二、民族团结教育的切入点

各民族团结一心，构成中华民族的整体，各民族都是中华民族的组成部分。

三、教学目标

让学生理解中华民族及其内部各民族是整体与部分的关系。中华民族的发展需要依靠各民族的团结一致，和谐奋进。

四、教学设计

（一）导入

整体和部分有既有区别，又相互联系，密不可分。生活中反映整体和部分关系的成语俗语很多，如：管中窥豹，一叶知秋，一着不慎、全盘皆输，以偏概全，国兴则家昌、国破则家亡，不谋万世者不足谋一时、不谋全局者不足谋一隅，等等。

（二）课堂教学

正确处理整体和部分关系，对实际生活和工作有重要的意义。

[①] 教育部普通高中思想政治课、课程标准实验教材编写组编著：《普通高中课程标准实验教科书思想政治必修4》，北京，人民教育出版社，2008。

（教师）笔记

【PPT展示】

材料一：甲流从整体的防控角度来看，党中央、国务院明确了18字的防控原则：高度重视、积极应对、联防联控、依法科学处置。甲流防控中，政府相关部门必须整合资源，形成防控"统一战线"，做到"全国一盘棋"。

材料二：卫生部应急办指出，中西部偏远地区、贫困地区，医疗公共卫生基础和救治条件比较薄弱。中央在技术和物资药械上给予中西部偏远和贫困地区大力支持，还制定了专门的防控方案，集中力量弥补防控的薄弱环节。

材料三：卫生部要求在疫苗的分配上，要优先考虑人口密集地区和容易发生暴发传播的单位和人群，比如，城镇规模较大的中小学师生及一线医务人员等人群，避免"撒胡椒面式"的疫苗分配。

教师：正如同学们根据分析材料所看到的那样，整体和部分的关系在实际工作中的应用要求我们：既要树立全局观，立足整体，又要重视部分，用部分的发展推动整体的发展。请用整体和部分的关系分析说明国家在防控甲流方面的政策。

【PPT展示】

1990年8月，江泽民到新疆视察指出："我们伟大的中华民族，是由56个民族构成的，在我们祖国的大家庭里，各民族之间的关系是社会主义的新型关系，汉族离不开少数民族，少数民族离不开汉族，少数民族之间也相互离不开。"

"三个离不开"的思想既充分考虑了我国民族关系的历史因素，全面反映了我国民族关系的生动现实，又着眼于我国民族关系的长远发展，充分表达了全国各族人民的共同愿望。

教师：民族和睦是社会和谐的基石。加强民族团结，是维护统一多民族国家的根基。不管我们是哪个民族，我们都是中华民族的一分子，各个民族是中华民族的构成部分，各民族本就是一体的。我们青年学生一定要树立正确的民族观，与各民族同胞互帮互助，主动自觉地维护民族团结和国家统一。试用整体和部分的关系阐述"三个离不开"思想，并说明其对我国处理民族关系有何启示？

学生回答：（略）

五、教学反思

青年学生，尤其是少数民族学生加强对中华民族统一体的认同，有利于形成中华民族的凝聚力，促进民族地区社会各项事业发展，实现中华民族的根本利益。哲学中整体与部分的联系体现在中华民族与各民族关系上，是一个很好的培养中华民族认同感的切入点。通过让学生用哲学观点来阐述现实的民族政策，达到学以致用的目的，进而也加深对民族政策的理解，有助于形成中华民族的认同感。对学生来说，这是一个难度不大的思考说明题，关键在于理论与实际应用相结合。

六、教学资源

（1）殷泓：《中国成长报告之十　团结花开六十年》，光明日报网络版，http：//www.gmw.cn/01gmrb/2009-09/05/content_975799.htm

（2）《天安门广场立起"民族团结柱"庆祝新中国60华诞》，中华人民共和国国家民族事务委员会，2009年9月15日，http：//www.seac.gov.cn/gjmw/zt/2009-09-15/1252740968902934.htm

（3）吴仕民：《民族团结柱随想》，中华人民共和国国家民族事务委员会网站，2010年5月27日，http：//www.seac.gov.cn/gjmw/zt/2010-05-27/1274837562455691.htm

（4）中央宣传部宣传教育局、教育部思想政治工作司、国家民委政策法规司编：《民族团结教育通俗读本》，北京，学习出版社，2009年。

（5）金冲及：《中华民族是怎么形成的》，中国共产党新闻网，http：//theory.people.com.cn/GB/49157/49163/8687792.html

第三节　价值与价值观

一、教材中的知识点[①]

本节知识点见于：普通高中课程标准实验教科书，高二年级思想政治必修4《生活与哲学》，第四单元第十二课《实现人生的价

---

① 教育部普通高中思想政治课、课程标准实验教材编写组编著：《普通高中课程标准实验教科书思想政治必修4》，北京，人民教育出版社，2008。

值》，第 96 页。

二、民族团结教育的切入点

价值观对人们的行为具有重要的驱动、制约和导向作用。在民族问题上正确的价值观可以指引人们积极维护民族团结、社会稳定和国家统一。

三、教学目标

理解价值观对人们认识世界和改造世界的活动，以及对人生道路的选择具有重要的导向作用。通过本课学习让学生认识到，人生的真正价值在于对社会的责任和贡献。在民族问题上要树立正确的价值观，积极维护民族团结，促进社会和谐与发展。

四、教学设计

（一）导入

我们每一个人生活在社会中，既要对社会有所创造和贡献，满足社会和他人的需要，同时也从社会索取，来满足自己的需要。那么我们评价一个人的价值，主要看什么呢？关于这个问题，或许一些人的事迹可以给我们一些启示。

（二）课堂教学

【PPT 展示】

材料一："烤羊肉串的慈善家"——阿里木江·哈力克

2010 年，39 岁的维吾尔族汉子阿里木江·哈力克以最高得票数被选为新华社"中国网事·感动 2010"年度网络人物之一。

2002 年开始，整整 8 年，在贵州省毕节市，阿里木江以烤羊肉串为生，并用卖烤肉串攒下的十多万元，资助了上百名贫困学生。阿里木江认为"只有教育才能改变人的思想和命运"。身边的朋友没少劝阿里木江攒些钱，买套房，改善条件，可他总"听不进"。阿里木江有个朴素的想法："把字写在石头上，可以保存到永远；把字写在沙子上，只能保存一时。把钱花在该花的地方，才是物有所值。"

得知玉树地震的消息后，阿里木江第三天就携带装有行军床、被褥以及锅碗瓢盆的两大包行李，从贵阳奔赴玉树灾区协助部队官兵施救。阿里木江始终坚持一个信念："小的是家，大的是国家。

国家和人民需要你的时候，能站出来的，都是英雄。"

"一夜成名"之后，阿里木江的生活依旧简朴，依旧有滋有味地卖着肉串。一身布衣布裤，一穿好几年；一个馕或两个馒头，加一杯水，就打发掉一顿饭。这样的生活，阿里木江却觉得十分满足："生活嘛，吃饱就可以了。"

材料二："老百姓的事，再小也是大事"

土家族干部易满成是湖北恩施土家族苗族自治州鹤峰县燕子乡司法所所长兼信访办常务副主任。易满成有个笔记本，本子里记录着全乡29个行政村、195个村民小组、7000户百姓的冷暖安危：谁家的牛丢了，谁家孩子又生病了，谁家庄稼要收割了。

他说："我的每一天就是从这样一些小的事情，小的矛盾，小的需求开始的。老百姓的事，再小也是大事。"对少数民族群众的实际困难和问题，易满成总是看在眼里，急在心上，忙在腿上。工作中，易满成时刻将民族团结放在心上，落实到行动中，妥善解决影响民族团结的矛盾纠纷，成功疏散化解多起即将发生的群体性事件。

从事司法行政工作17年来，易满成共接待群众来信来访5100人次，化解各类矛盾纠纷800余件，调处疑难纠纷100余件，调查、协助政府处理信访问题200余件，疏散化解了即将发生的群体性事件20余起，妥善处理了20起人身死亡民事赔偿案件，为弱势群体维权200多万元，为企业挽回经济损失1000万元。2004年以来，燕子乡连续五年实现"四无"——无群体闹事、无越级上访、无重大治安案件、无刑事案件。易满成得到了群众的认可，先后被授予"全国模范司法所长"、"全国模范人民调解员"等荣誉称号。

老易认为，民族团结扎根于各族群众的日常生活，随时打扫邻里们的"鸡毛蒜皮"，及时化解老百姓的矛盾纠纷，就是在促进社会和谐，就是在维护民族团结。

教师：阿里木江和易满成的事迹，对我们有怎样的人生价值方面的启示？你认为阿里木江和易满成的思想和信念与他们的行为有什么关系？

学生思考回答：（略）

教师：对一个人价值的评价主要是看他的贡献。贡献是多方面的，最根本的是对社会发展和人类进步事业的贡献。评价一个人价值的大小，就是看他为社会、为人民贡献了什么。

(三) 教师总结

人们在认识各种具体事物的价值的基础上，形成对事物的价值的总的看法和根本观点，就是价值观。价值观作为一种社会意识形态，对社会存在有重大的反作用，对人们的行为有重要的驱动、制约和导向作用。从阿里木江和易满成的事例中，我们可以看到一个人的思想观念支配着他的行动。世界观和价值观对人们认识世界和改造世界的活动、对人生道路的选择都有重大的导向作用。

不同价值观，决定了人们面对公义与私利、面对整体利益与局部利益、面对个人利益与他人利益冲突时所作出的不同选择。事例中的两个少数民族同胞，他们正确的民族观和价值观，促使他们做了正确的行为选择——帮助他人、真心贡献于人民。他们的行为促进了民族团结、社会和谐，他们自身也得到社会更多的尊重与认可。他们的事迹，不仅给了我们关于人生价值方面的启示，也让我们深刻地认识到：各民族同胞都是平等相亲的一家人、都是祖国大家庭中的一分子。

五、教学反思

不同的价值观对人的行为导向作用不同，我们更要树立正确的人生观、价值观。在处理民族问题上，要有正确的历史观和民族观，要认识到中华民族是多元的统一体，各民族都是统一的中华民族大家庭中的一员，各民族同胞都是相亲相爱的一家人。基于此，各民族应该平等互助，和谐相处，共同进步与发展。在实际教学过程中，通过向学生介绍在民族团结方面有突出表现的先进人物及事迹，让学生从中感受到民族同胞间互帮互助、和谐相处对他人、对社会的有益作用，从而自觉地在个人的实际生活中积极行动促进民族团结，为国家和人民做出贡献。

六、教学资源

（1）《全国民族团结创建活动 每周一星》，中华人民共和国国家民族事务委员会网站，http://www.seac.gov.cn/col/col4801/index.html

（2）《民族团结之歌》，中国民族宗教网，http://www.mzb.com.cn/html/category/125281-1.htm

（3）《辽宁省深入开展民族团结进步教育活动》，中国政府网，http://www.lnmz.gov.cn/mztjjb.htm

第三章　高三年级

第一节　完善社会主义市场经济体制

一、教材中的知识点[①]

本节知识点见于：普通高中课程标准实验教科书，高三年级思想政治选修2《经济学常识》，专题五《中国社会主义市场经济的探索》，第91页。

二、民族团结教育的切入点

在完善社会主义市场经济体制过程中，国家大力支持少数民族地区经济的发展。

三、教学目标

通过西藏发展的实例，理解国家所提出的"逐步改变城乡二元经济结构的体制，形成城乡经济社会发展一体化的新格局……促进区域经济协调发展"战略。

四、教学设计

（一）导入

西藏经济列车已连续多年以两位数增速"奔跑"，大家都知道，

[①] 教育部普通高中思想政治课、课程标准实验教材编写组编著：《普通高中课程标准实验教科书思想政治选修2》，北京，人民教育出版社，2007。

国家投资对其拉动功不可没，而且未来一段时期内，国家投资力度将有增无减。而西藏自治区也早已意识到，维持经济健康持续地快速发展必须增强自身"造血"功能。

(二) 课堂教学

【PPT 展示】

材料一：中国西藏新闻网报道，2010 年 4 月 28 日，西藏工业和信息化工作会议在拉萨隆重召开，为工业经济增强自身"造血"功能。未来，西藏坚持走有"中国特色、西藏特点"的新型工业化道路，转变工业经济发展方式，提高发展质量和效益。

材料二：中国西藏新闻网报道，2009 年西藏开始在全区 10% 的县（市、区）开展新农保试点，2010 年底争取达到全区 50% 的覆盖率。除新农保制度实施时已经年满 60 周岁的农牧区老年居民外，参加新农保的农牧区居民应当按规定缴纳养老保险费。累计缴费年满 15 年后，可在 60 周岁以后享受养老金。同时大力促进农牧民增收，逐步提高农牧民养老保障的水平。以确保到 2012 年实现西藏新农保的全覆盖。

材料三：2006 年 3 月我国"十一五规划纲要"中规定：要按照"生产发展、生活宽裕、乡风文明、村容整洁、管理民主"要求，扎实地稳步推进新农村建设，积极稳妥地推进城镇化；按照推进西部大开发、振兴东北地区等老工业基地、促进中部地区崛起、鼓励东部地区率先发展的要求，实现我国区域经济的协调发展。

教师：请同学们思考，这三则材料分别说明了什么？结合现实，请你说一说材料反映的内容与我国完善社会主义市场经济有什么关系？

学生思考回答：（略）

(三) 教师总结

城乡、区域协调发展，有利于市场经济体制的完善和发展。所以完善社会主义市场经济要建立有利于逐步改变城乡二元经济结构的体制，形成城乡经济社会发展一体化的新格局。实施符合我国国情的区域发展总体战略，完善区域政策，调整经济布局，促进区域经济协调发展。

五、教学反思

这部分教学，可以用更多丰富的材料加以说明。选择西藏地区的信息予以说明，主要是想让学生更多地了解我国少数民族地区的发展情况。虽然不能全面地说明主旨，但至少从一个侧面反映到中国特色社会主义市场经济体制下我国各民族共同繁荣、共同发展的现状。利用课堂上有限时间，一点一滴地进行民族教育，重在坚持，以收到潜移默化的效果。

六、教学资源：

（1）王舒、王琪儿：《西藏上半年GDP增速11.2%高于全国平均水平》，中国西藏网，2010年7月27，http：//www.tibet.cn/news/index/xzyw/201007/t20100727_609940.htm

（2）中国西藏信息中心："改革开放30周年看西藏"专题，http：//tibet.cn/zt2008/xzggkf30n/

（3）中国民族宗教网："盛开的雪莲——西藏发展纪实"专题，http：//www.mzb.com.cn/html/folder/99488-1.htm

（4）江国成、朱保举：《2011年我国西部大开发新开工22项重点工程》，国家民族事务委员会网站，http：//www.seac.gov.cn/art/2011/12/26/art_31_145939.html

（5）秦交锋、王淡宜、张莺、勿日汗、曹志恒、张钦：《我国五大民族自治区2011年民生亮点扫描》，国家民族事务委员会网站，http：//www.seac.gov.cn/art/2011/12/26/art_31_145938.html

（6）《兴边富民行动规划（2011—2015年）》，国家民族事务委员会网站，http：//www.seac.gov.cn/art/2011/6/16/art_149_128683.html

第二节 现代国家的结构形式

一、教材中的知识点[①]

本节知识点见于：普通高中课程标准实验教科书，高三年级思

---

① 教育部普通高中思想政治课、课程标准实验教材编写组编著：《普通高中课程标准实验教科书思想政治选修3》，北京，人民教育出版社，2009。

想政治选修3《国家和国际组织常识》，专题一《各具特色的国家和国际组织》，第11页。

二、民族团结教育的切入点

我国是单一制的国家结构形式，公民有义务维护国家统一和民族团结。

三、教学目标

让学生坚定我国是统一的多民族国家的信念，自觉维护国家统一和民族团结。

四、教学设计

（一）导入

国家的结构形式是指国家的整体与部分、中央与地方之间的相互关系。影响国家结构形式的因素很多，民族分布就是其中之一。

（二）课堂教学

【阅读教材中的知识点】

阿拉伯人泛指讲阿拉伯语的各个民族，其来源可以上溯到远古的闪米特人，历史上与亚述人、阿拉米人、迦南人、腓尼基人、希伯来人等有亲缘关系，现有两亿多人，主要分布在西亚和北非的21个国家，包括沙特阿拉伯、伊拉克、叙利亚、科威特、埃及、利比亚等。

教师：请结合材料及我国的情况，说说民族与国家有什么关系？

学生思考回答：（略）

（提示：民族和国家是两个不同的概念，一个国家可以有多个民族，如在我国就分布有多个民族；一个民族也可以分布在多个国家，如上文资料所示，同样的例子还有很多。）

教师：国家都是由一定民族构成的，有单一民族国家，也有多民族国家。请大家阅读教材中的知识点，了解民族与种族，民族与国家的关系。

【学生活动】阅读整理

教师：当今世界民族关系十分复杂。民族问题表现在许多方面，民族之间的纷争有可能演化为国家之间的纷争。民族利益的纠葛，也可能深化为国家内部的动荡。因此无论是发达国家还是发展中国家，无论是在多民族国家内部还是在各民族国家之间，民族问题是普遍存在的，在一定程度上影响着国家的结构形式。

请思考与说明，在我国存在普通的省份、直辖市，也有 5 个民族自治区和 2 个特别行政区，还有台湾。那是不是说我国是复合制国家结构形式呢？说出你的理由。

学生：（略）

（提示：我国不是复合制国家结构形式。回答中重点指出中央与地方的关系，重点指出民族区域自治的含义和特别行政区的特别之处）

教师：我国是统一的多民族国家，单一制是我国的国家结构形式，我们一定要维护民族团结，维护国家领土和主权的完整，维护民族团结，增强包括各民族在内的全体人民的凝聚力和向心力，坚决反对分裂国家的行为。而对于分裂国家的行为，我们一定保持清醒，坚决维护民族团结，维护统一的中华民族的整体利益。

五、教学反思

时事应与课堂紧密结合。这里对时事的展开内容不多，青少年关注身边正在发生的国家社会时事，这种态度是值得鼓励的。对于这类事件的性质和态度，高中学生难以把握，需要教师适度评价和引导，从而使学生做出正确的价值判断和价值选择，形成统一的中华民族的认同感和责任感。

六、教学资源

(1) 茹莹：《汉语"民族"一词在我国的最早出现》，载《世界民族》，2001（6）。

(2) 郝时远：《中文"民族"一词源流考辨》，载《民族研究》，2004（2）。

(3) 凤凰网："总揽千年沧桑 不变热土新疆"专题，http：//news.ifeng.com/history/special/xinjiang/#006

(4) 中国国务院新闻办公室：《新疆的历史与发展》白皮书，中央人民政府网，http：//www.gov.cn/zwgk/2005-05/27/content_1463.htm

(5) 中国民族宗教网："民族团结教育"专题，http：//www.mzb.com.cn/html/category/125281-1.htm

音 乐 篇

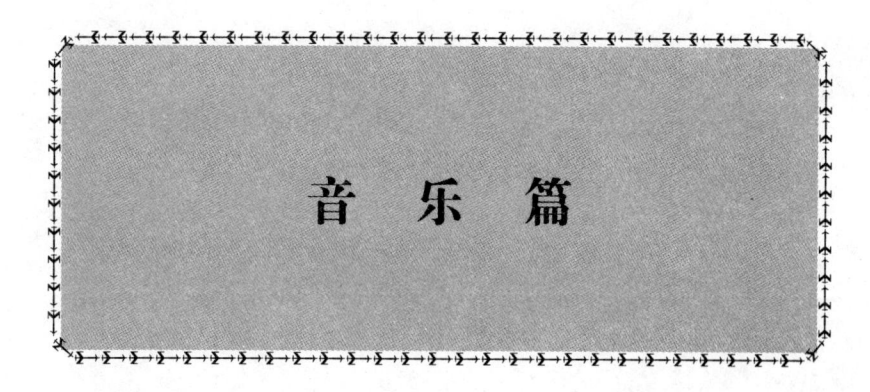

第一章 高一年级

少数民族民歌

一、教材中的知识点[①]

本节知识点位于：普通高中课程标准实验教科书，高一年级《音乐鉴赏（必修）》，第二单元《腔调情韵——多彩的民歌》，3.3《独特的民族风》，第22页。

二、民族团结教育的切入点

在欣赏少数民族歌曲的基础上，较为详细地介绍少数民族歌曲的特点，进而让学生了解少数民族同胞胸怀宽广、待人友善、尊重自然等优良品质。

三、教学目标

（1）感受、体验蒙古族、藏族、维吾尔族歌曲的风格特征，分析地区环境生活习俗等对其歌曲风格的影响。

（2）认识少数民族歌唱家，欣赏其代表作，能对少数民族歌曲产生兴趣。

[①] 人民音乐出版社、北京教育科学研究院合编：《普通高中课程标准实验教科书音乐必修音乐鉴赏》，北京，人民音乐出版社，2009。

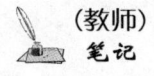

四、教学设计

（一）引言

俄国音乐家居伊曾经说过："民歌中表现出整个民族的创造力量。"这节课主要是让大家在听赏和感受中了解少数民族民歌的风格特征与风土人情的关系，同时也了解到更多的民族文化知识。

（二）欣赏蒙古族、藏族、维吾尔族民歌代表作

（1）欣赏蒙古族民歌《辽阔地草原》，同时播放蒙古草原、天空、牛羊群，牧民放牧、那达慕等内容的录像片或者图片。（教师提问：歌曲有几个乐句？目的是体会衬词与旋律的结合）

（2）欣赏藏族民歌《宗巴朗松》，同时播放高原雪山、布达拉宫、大昭寺，藏族同胞生活起居、宗教仪式、劳作娱乐等内容的录像片或图片。欣赏前教师提问：作品由几部分构成？目的是让学生进一步了解藏族民歌相关知识。

（3）欣赏维吾尔族民歌《牡丹汗》，同时播放葡萄、哈密瓜、古老的风格建筑，小伙子弹着冬不拉，载歌载舞的维吾尔族姑娘、美丽的天山等内容的录像片或图片。请一位新疆学生维语演唱《牡丹汗》，师生共同讨论：王洛宾创编少数民族歌曲的美誉特征。

（三）蒙古族、藏族、维吾尔族民歌特征介绍

我国是一个多民族国家，各民族拥有着自己特有的音乐文化，少数民族中流传着大量的民间歌曲，各民族民歌都有着各自的特征，这里主要介绍一下蒙古族、藏族、维吾尔族的民歌特征。

（1）蒙古族音乐的风格，是其人民长期的居住地区特点、经济形态、文化交流，尤其是草原游牧的生活方式等因素决定的。蒙古族民歌的体裁众多，其中以"长调"和"短调"最具代表性。长调的旋律舒展悠长，节奏自由，句幅宽大，富有浓郁的草原气息。如：牧歌、赞歌、思乡歌等。短调的结构规整、节奏整齐、句幅较短窄，字句腔少，具有叙述性的特征。

（2）藏族人民创造了灿烂的民族文化。早在12、13世纪前后，即出现了论述藏族民族音乐的专著。藏族音乐可分民间音乐、宗教音乐和宫廷音乐三类。民间音乐中分为民歌、歌舞音乐、说唱音乐、戏曲音乐和器乐五类。在民歌中，山歌的音域宽广、节奏自

由、旋律起伏较大且悠长高亢；劳动歌曲节奏鲜明，与劳动动作紧密配合，有的则较为自由；爱情歌中有的深情，有的开阔自由。

（3）维吾尔族音乐继承了古代西域地区的"龟兹乐"、"疏勒乐"、"高昌乐"以及"回纥乐"的传统，吸收了中原音乐、印度音乐、波斯—阿拉伯音乐的有益营养，形成了维吾尔族音乐的民族风格。维吾尔族民歌的内容广泛、形式多样、风格浓郁。其歌词多采用比兴的方法，寓意深刻；衬词有长有短；其旋律生动活泼、热情奔放。

（四）课后作业

（1）通过互联网检索蒙古族、藏族、维吾尔族不同时期的著名民歌歌唱家，了解其个人情况，欣赏其代表作。

（2）了解除课上讲的三个民族的民歌外，我国还有哪些著名的少数民族民歌，其代表作是什么？

五、教学反思

（1）通过课堂交流发现，学生对斯琴格日勒、腾格尔、容中尔甲等少数现代少数民族歌星及其作品比较熟悉，也比较喜欢，可在授课过程中穿插当下比较流行的少数民族歌曲，培养学生学习民歌的兴趣爱好。

（2）通过课本上的作品分析，引导学生用学科的专业知识研究少数民族音乐特点，学会举一反三，灵活运用。

（3）由于课堂上的时间有限，教学中可采用以点带面的方式。在课下，教师可以给学生推荐一些少数民族歌曲的专辑，供学生欣赏。

六、教学资源

（1）周青青：《中国民歌》，北京，人民音乐出版社，1993。

（2）王沥沥：《民歌艺术》，太原，山西教育出版社，2008。

（3）呼格吉勒图：《蒙古族音乐史》，沈阳，辽宁民族出版社，2006。

（4）萧梅：《草原归来话长调——记首届蒙古族长调演唱艺术研讨会》，载《中国音乐》，1997（3）。

第二章 高二年级

第一节 少数民族舞蹈

一、教材中的知识点[①]

本节知识点位于：普通高中课程标准实验教科书，高二年级《音乐与舞蹈（选修）》，第一单元《走进舞蹈》，第4页。

二、民族团结教育的切入点

在介绍舞蹈种类时，重点结合民间舞蹈的教学内容，向学生介绍几种少数民族舞蹈，增进学生对少数民族同胞历史、文化和生活习俗等方面知识的了解。

三、教学目标

（1）欣赏、了解少数民族舞蹈、传统服饰和相关习俗。

（2）使学生认识到少数民族文化的丰富多彩，引导学生学习了解少数民族文化，增进学生对少数民族同胞的了解。

四、教学设计

（一）引言

民间舞，是由劳动人民在长期历史进程中集体创造，不断积

---

① 人民音乐出版社、北京教育科学研究院合编：《普通高中课程标准实验教科书音乐选修音乐与舞蹈》，北京，人民音乐出版社，2004。

累、发展而形成的，并在广大群众中广泛流传的一种舞蹈形式。民间舞蹈和人民的生活有着最密切的联系，它直接反映着劳动人民的生活和斗争，表现着他们的思想感情、理想和愿望。由于各民族的生活劳动方式、历史文化心态、风俗习惯，以及自然环境的差异，因而形成了不同的民族风格。

（二）欣赏傣族、高山族、苗族舞蹈代表作品

播放孔雀舞（傣族）、高山族舞（高山族）、芦笙舞（苗族）的录像片或图片，学习模仿作品中具有代表性的舞蹈动物。

（三）介绍部分少数民族舞蹈

1. 傣族舞蹈

傣族人民勤劳勇敢，温柔善良，礼貌温和，外柔内刚，智慧聪明又幽默诙谐。傣族的舞蹈充分反映了这种丰富多彩的民族性格。傣族舞蹈历史悠久，据《后汉书·西南夷传》记载，永宁元年（120），傣族先民掸人的首领曾向东汉皇帝奉献过大规模的乐舞、杂技。这说明早在1000多年前，在当地就有了较高水平的歌舞表演艺术。傣族舞蹈种类繁多，形式多样，流行面也很广，并各有特点。代表性节目总的可分为自娱性、表演性和祭祀性三大类。其中，孔雀舞是表演性舞蹈的主要代表之一。

2. 高山族舞蹈

高山族舞蹈是高山族人民劳动生活的生动写照。历史上，台湾高山族同胞是一个善于狩猎和捕鱼的民族。再现自己狩猎和捕鱼生产活动的舞蹈动作，就成了高山族舞蹈的重要内容。如高山族舞蹈中有先退一步，然后双脚向前跳去的动作，这些动作便是在模仿战斗中或狩猎时的进攻姿态；居住在海滨或岛屿上的高山族，舞蹈中则往往表现捕鱼的情景。如兰屿岛上雅美人的舞蹈中就有模拟划船的动作。这些反映狩猎和捕鱼劳动过程的歌舞，再现了台湾高山族独特的民族生活。

3. 苗族舞蹈

苗族民间舞蹈有芦笙舞、铜鼓舞、木鼓舞、湘西鼓舞、板凳舞和古瓢舞等，尤以芦笙舞流传最广。贵州的丹寨、台江、黄平、雷山、凯里、大方、水城，以及广西融水等地，会经常举行芦笙舞会。苗族歌舞形式丰富多样，仅"鼓舞"一项，就近十种之多。苗族"鼓舞"在唐代《朝野佥载》上就有"五溪蛮，父母死，于村

外闻其尸，三年而葬，打鼓路歌，亲戚饮宴舞戏一月余日"的记载，由此可见苗族"鼓舞"历史的悠久。

(四) 课后作业

(1) 通过互联网检索傣族、高山族、苗族舞蹈代表作品，在欣赏、模仿舞蹈动作的同时，进一步了解民族舞蹈、服饰特点。

(2) 了解除课上讲的三个民族的舞蹈外，你还了解哪些少数民族的舞蹈，其代表作是什么？

五、教学反思

(1) 我国的少数民族舞蹈种类繁多，特点各异，学生除从一些影视作品中了解蒙古族、藏族、朝鲜族等常见民族舞蹈外，对其他民族舞蹈知之甚少。

(2) 由于课堂上的时间有限，教师采用以点带面的方式，在课下，应推荐一些少数民族舞蹈代表作供学生欣赏。

六、教学资源

(1) 李廷海：《中国民族舞蹈教育现状调查与研究》，北京，中央民族大学出版社，2007。

(2) 《民族舞蹈研究文集》编委会：《民族舞蹈研究文集》，北京，中央民族大学出版社，2009。

第二节 少数民族戏剧

一、教材中的知识点[①]

本节知识点位于：普通高中课程标准实验教科书，高二年级《音乐与戏剧表演（选修）》，第二单元《中国戏曲》，第五节《戏曲中的大戏、小戏及剧种——少数民族戏曲》，第64页。

二、民族团结教育的切入点

在介绍戏曲种类时，重点结合少数民族戏曲的教学内容，向学

---

① 人民音乐出版社、北京教育科学研究院合编：《普通高中课程标准实验教科书音乐选修音乐与戏剧表演》，北京，人民音乐出版社，2004。

生介绍几种少数民族戏曲，增进学生对少数民族同胞历史、文化和生活习俗等方面知识的了解。

三、教学目标

（1）欣赏、了解少数民族戏曲、风俗习惯和相关历史。

（2）使学生认识到少数民族文化的丰富多彩，引导学生学习、掌握少数民族文化，增进学生对少数民族同胞的了解。

四、教学设计

（一）引言

中国是一个多民族的国家，中华民族共同创造的戏曲艺术，既有以汉民族语言演唱的戏曲剧种，又有用少数民族语言演唱的戏曲剧种。在百花竞放的剧坛上，作为少数民族的戏剧形态，同样具有"戏曲者，以歌舞演故事也"的基本特征。初步统计，有满、蒙古、藏、门巴、维吾尔、朝鲜、壮、侗、布依、彝、白、傣、苗、毛南等24个剧种。其中藏戏、白族吹吹腔形成较早。少数民族剧种植根于本民族的历史文化，在民族歌舞、叙事诗歌或说唱艺术的基础上综合形成，具有鲜明的民族特色。同时，也有着与汉族戏曲文化的相互交流与影响。

（二）欣赏

播放《秦娘梅》（侗族）、《螺蛳姑娘》（壮族）、《半夜羊叫》（彝族）的影像片段或图片，探讨少数民族戏曲的表演形式。

（三）介绍部分少数民族戏曲

1. 侗族戏曲

侗戏是清代中叶才兴起的新的文艺形式。民间相传，贵州省黎平县腊洞寨人吴文彩是侗戏的开山祖师。他是位既有较高汉文水平、又熟悉本民族文艺的侗家才子，他凭着自己的文化修养和坚忍精神，经过3年努力，终于以汉族传书《二度梅》为蓝本，编出第一个侗戏剧本《梅良玉》。侗戏的传统剧目从题材来源上看，分为两大类。一类是根据侗族叙事歌或民间传说故事改编创作的，如《珠郎娘美》、《门龙绍女》、《金汉列美》等；一类是根据汉族传书改编创作的，如《山伯英台》、《陈胜吴广》、《陈世美》、《万良姜女》等。

2. 壮族戏曲

壮剧是壮族戏曲剧种的统称。流行于广西壮族自治区西部和云南省文山壮族苗族自治州的富宁、广南一带。壮剧是在壮族民间文学、歌舞、说唱艺术的基础上发展形成的，清同治光绪年间已有演出。在发展过程中，也曾受到汉族民间艺术和戏曲的影响。因方言、音乐唱腔、表演风格和流行地区不同，壮剧分为广西的南路壮剧、北路壮剧、壮族师公戏和云南的富宁壮剧、广南壮剧等。

3. 彝族戏曲

彝剧是产生于楚雄彝州的一个新兴的民族剧种，流行于云南省楚雄彝族自治州，于20世纪50年代在彝族民间传统艺术的基础上发展而成。音乐由民歌小调（如"梅葛调"、"曼莫若调"、"过山调"等）、舞曲、器乐曲（如"芦笙曲"、"月琴曲"、"唢呐曲"等）结合形成，称"山歌体"。表演采用"叠脚"等民族舞蹈的舞步、身段，具有浓郁的地方特点和民族色彩。代表性剧目有现代戏《半夜羊叫》，民间传说故事剧《曼嫫与玛若》等。

（四）课后作业

（1）通过互联网检索侗戏、壮戏、彝剧代表作品，分析唱腔及伴奏乐器。

（2）了解除课上讲的三个民族的戏曲外，我国还有哪些少数民族戏曲，其代表作是什么。

五、教学反思

（1）我国的少数民族戏曲种类繁多，特点各异，学生对少数民族戏曲了解很少，对少数民族戏曲的表现形式很难理解，需教师合理引导。

（2）通过课本上的作品分析，引导学生用学科的专业知识研究少数民族戏曲特点。

六、教学资源

（1）吴梅：《中国戏曲概论》，北京，中国人民大学出版社，2004。

（2）游汝杰主编：《地方戏曲音韵研究》，北京，商务印书馆，2006。

(3) 孙红侠:《民间戏曲》,北京,中国社会出版社,2008。

第三节　基于少数民族歌曲的创编

一、教材中的知识点[①]

本节知识点位于:普通高中课程标准实验教科书,高二年级,《创作(选修)》,第二单元《旋律的创作》,第五节《旋律的发展》,第28页。

二、民族团结教育的切入点

在讲授旋律的发展时,重点结合少数民族歌曲的内容,向学生介绍几种少数民族歌曲的旋律发展,增进学生对少数民族同胞历史、文化和生活习俗等方面知识的了解。

三、教学目标

(1) 欣赏、了解少数民族歌曲旋律发展及塔吉克族人民的风俗习惯。

(2) 了解少数民族文化,感受丰富多彩的少数民族歌曲,增进学生对少数民族同胞的了解。

四、教学设计

(一) 引言

柴可夫斯基曾说过:"艺术家在创作时需要十分冷静。就这方面来说,艺术创作,包括音乐创作在内,始终是客观的。"本课将带着客观的态度,引导学生从创作的角度对比分析歌曲《古丽碧塔》和《花儿为什么这样红》。

(二) 欣赏与分析《古丽碧塔》和《花儿为什么这样红》

《古丽碧塔》是一首新疆民歌。《古丽碧塔》出自于一段凄美的爱情故事。从前喀布尔城有一个美丽的塔吉克姑娘名叫古丽碧

[①] 人民音乐出版社、北京教育科学研究院合编:《普通高中课程标准实验教科书 音乐选修 创作》,北京,人民音乐出版社,2005。

塔,她的父亲是个巴依,家里很富有。有一次古丽碧塔上街碰到了一个驼队的小伙子,两个人坠入爱河。老巴依坚决反对他们来往,趁着小伙子和驼队离开的时候,欺骗小伙子死在了沙漠里,并且很快把女儿嫁给了大户人家。等小伙子回来的时候,只是听说了心上人已经远离,并不知道她去了哪里,小伙子毅然决定上路,去找寻自己心爱的姑娘,最后消失在了沙漠里,风声把他的真诚的心和他的歌声越传越远,最后传回了家乡——美丽的帕米尔高原……后来这首歌曲被雷振邦先生改编成脍炙人口的《花儿为什么这样红》,并作为影片《冰山上的来客》的插曲,成为运用民间音乐素材进行音乐创编的典范。

(三)课后作业

(1)欣赏《达坂城的姑娘》、《青春舞曲》和《在那遥远的地方》这三首歌曲,并查阅相关知识。

(2)选择一首自己喜欢的少数民族歌曲,尝试通过自己的理解填词。

五、教学反思

(1)少数民族歌曲在内地流传广泛,但学生对一些歌曲的创作背景还不是很了解。补充这样的相关内容,引起学生们极大兴趣,在寓教于乐的同时增进了民族情感。

(2)通过课本上的作品分析,引导学生用学科的专业知识研究少数民族歌曲特点。

六、教学资源

(1)李双江、糜若如:《中国少数民族声乐教材》,北京,中央民族大学出版社,2008。

(2)李双江、朱逢博、李谷一等:《少数民族歌曲系列:新疆民歌(CD)》。

美 术 篇

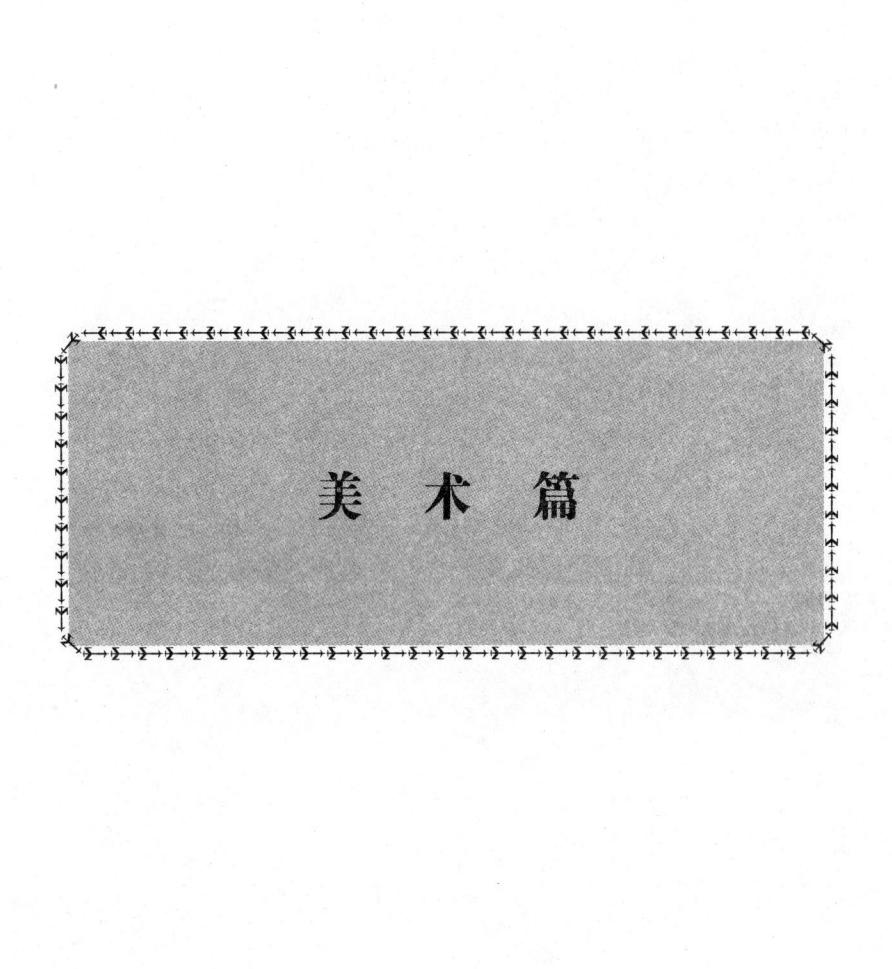

第一章　高一年级

第一节　藏族宫堡建筑——布达拉宫

一、教材中的知识点[1]

本节知识点位于：普通高中课程标准实验教科书，美术必修，《美术鉴赏》，第十七课《用心体味建筑之美——探寻建筑艺术的特点》，三《建筑艺术有哪些特性?》，必修课，第98页。

二、民族团结教育的切入点

学生通过对布达拉宫的建筑特点的分析学习，不仅可以通过实例掌握建筑艺术的特性，还可以感受藏族建筑艺术的魅力及其民族风俗习惯，更加深刻地体会到我国是一个多民族的统一国家。

三、教学目标

1. 知识与技能：让学生掌握的建筑语言、元素等知识更具体明确些。

2. 过程与方法：在分析布达拉宫建筑特点的过程中，学会分析建筑艺术特性的一般方法。

3. 情感、态度、价值观：感受藏民族古代建筑艺术的魅力和伟大成就，深刻体会我国自古以来就是一个多民族的统一国家。各民族之间友好交往，互通有无，民族团结逐步加强。同时，在学习

---

[1] 人民美术出版社、北京教育科学研究院合编：《普通高中课程标准实验教科书 美术必修 美术鉴赏》，北京，人民美术出版社，2009。

(教师)笔记

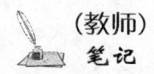

分析布达拉宫的建筑特点的基础上,还要更深入了解中国民族建筑形式风格的多样性和丰富性,充分认识民族建筑的文化内涵与艺术价值。从而增强民族自豪感,提升爱国主义精神。

四、教学设计

三、建筑艺术有哪些特性?			
教学内容与环节	教师活动	学生活动	设计意图
1. 科学性 2. 适用性 3. 艺术性 4. 文化性	【出示ppt】图片中的建筑,大家知道它是什么建筑吗?建在哪里? (布达拉宫,建在西藏拉萨。) 【过渡】同学们说得没错,它就是我国现存最大的古代宫堡建筑——布达拉宫。为了让同学们更深入地了解它,老师这里准备了一段关于布达拉宫的视频,请同学们在欣赏视频的过程中,思考:布达拉宫体现了建筑艺术的那些特性? 【播放视频】《布达拉宫》① 【过渡】请同学们回答一下老师刚才提出的问题。 布达拉宫的科学性: 布达拉宫整体为石木结构,宫殿外墙厚达2~5米,基础直接埋入岩层。墙身全部用花岗岩砌筑,高达数十米,每隔一段距离,中间灌注铁汁,进行加固,提高了墙体抗震能力,坚固稳定。 布达拉宫的适用性: 东部的白宫(达赖喇嘛居住的地方),中部的红宫(佛殿及历代达赖喇嘛灵塔殿)组成。 布达拉宫的艺术性:	学生发言、回答。 学生观看视频,同时思考教师提出的问题。 学生发言、回答。	由学生熟悉的图片入手,激发学生的兴趣。 用视频这种多媒体方式,继续抓住学生的眼球,同时让学生对布达拉宫有更深入、全面的了解。 激发学生分析布达拉宫的建筑特性。

---

① 视频出处:http://www.tudou.com/programs/view/QxmM6soVqwY/

236

续表

依山建造，由白宫、红宫两大部分和与之相配合的各种建筑所组成。众多的建筑都十分巧妙地利用了山形地势修建，使整座宫寺建筑显得非常雄伟壮观，而又十分协调完整，在建筑艺术的美学成就上达到了无比的高度，构成了一项建筑创造的天才杰作。布达拉宫的文化性：融合了华夏文明的藏传佛教文化。		
【总结】通过对布达拉宫建筑特性的分析，我们不难发现：建筑的各个特性并非孤立，而是结合在一起体现着建筑艺术的非凡成就。	学生听讲，体会。	总结并帮助学生进一步提高思维的高度。

五、教学资源

（1）史晨暄：《西藏拉萨布达拉宫》，见常锐伦主编：《美术鉴赏教学参考书》，167页，北京，人民美术出版社，2004。

第二节　"南赵北高"——元代汉族画家赵孟頫与少数民族画家高克恭

一、教材中的知识点[①]

本节知识点位于：普通高中课程标准实验教科书，《美术》必修，第一课《民族文化国之瑰宝——中国画》，第2页。

二、民族团结教育的切入点

学生通过欣赏元代少数民族画家高克恭的作品，进而了解以其为代表的元代少数民族画家的风格面貌及他们与汉族画家赵孟頫之间的深厚友谊。

---

① 人民美术出版社、北京教育科学研究院合编：《普通高中课程标准实验教科书美术 书法》，北京，人民美术出版社，2010。

三、教学目标

1. 知识与技能：使学生了解元代著名的少数民族画家高克恭并赏析其代表性作品，明白他与元代书画大家赵孟頫之间的深厚友谊。

2. 过程与方法：在赏析元代少数民族画家高克恭作品的过程中，使学生进一步巩固一般中国画作品的鉴赏方法。

3. 情感、态度、价值观：通过对元代少数民族画家高克恭生平及其代表作的学习，感受我国古代少数民族画家的艺术水平和魅力。体会在民族融合的大背景下，汉族画家与少数民族画家画风之间的深厚友谊。

四、教学设计

（一）引言

教材中本课概述性地讲解了民族文化、国之瑰宝——中国画，在向学生介绍中国画代表作品时，必然要按照年代来讲解。元代的绘画史，无疑是汉族和少数民族画家共同创造的，尤以赵孟頫和高克恭为杰出代表。

（二）教学设计

教学内容与环节	教师活动	学生活动	设计意图
1. 南赵：赵孟頫及其代表作。	【提问】同学们知道元代画家赵孟頫有哪些代表作吗？大家可以到书上找一找。 【出示ppt】总结赵孟頫的画风。 其画题材广泛，风格多样，山水、人物、竹石、花鸟均长；表现形式也多种多样，工笔、写意、青绿、水墨都十分精彩。其赵孟頫主张作画要有"古意"，倡导"书画同源"，强调以书法用笔入画，并主张师法自然，提出"到处云山是吾师"的口号。传世山水画作品主要有：美国普林斯顿大学美术馆藏的《幼舆丘壑图》卷、台北"故宫博物院"藏的《鹊华秋色图》卷、上海博物馆藏《重江叠嶂图》卷和《吴兴清远图》卷以及故宫博物院藏的《水村图》卷等。	学生发言、回答。	由学生熟悉的元代画坛代表人物——赵孟頫讲起，由易入难。

续表

教学内容与环节	教师活动	学生活动	设计意图
2. 北高：高克恭及其代表作。	【过渡】在元代画坛上，一直有"南赵北高"的说法。"南赵"是指同学们都熟悉的大家赵孟頫，"北高"，大家可能不太了解。下面老师就介绍一下："北高"——高克恭。 【ppt】出示高克恭生平及代表作品，边出示，边讲解。 画风：高克恭虽出二米一门，但所作云山笔墨并重，使画面有骨有肉，丰满许多。他弱化了大山、大水的写实因素，而强调宁静、质朴的意境氛围。他把"米氏云山"的传统画法又向前推进了一步，为后世所瞩目。 代表作：《春云晓霭图》、《春山欲雨图》、《云横秀岭图》	学生听讲。	使学生全面认知元代画坛，将"南赵北高"理解全面。
3."南赵北高"的关系。	【讲解并总结】 赵孟頫与高克恭为同事，早就建立了友谊，"情好至笃"，但那时高克恭"犹未甚作画"。后来，酷爱中原文化的高克恭与赵孟頫交往多了，自然地受到赵氏爱好绘画性格的影响。但他并不囿于赵氏的画风，而是能像赵孟頫那样去努力追求创新，画出自己的风格。赵孟頫还和高克恭合作绘画。他们的画艺、友情，使他们在元代画坛上享有很高的声誉。元人张羽在评论他们时，有"近代丹青谁最豪，南有赵魏北有高"之句。从此，"南赵北高"便成了元初画坛上的佳话。	学生听讲。	在一定高度上认识"南赵"与"北高"的关系——中国自古以来就有民族团结的传统。

五、教学资源

（1）冯雪红、吴建伟：《元代回回高克恭存逸画目推索》，载《回族研究》，2001（3）。

第二章 高二年级

第一节 元代书法艺术

一、教材中的知识点[①]

本节知识点位于：普通高中课程标准实验教科书，书法必修，第一课《文化瑰宝 艺苑奇葩——书法概述》，四《中国书法的发展》，必修课，第8页。

二、民族团结教育的切入点

学生通过学习元代少数民族书法家的生平经历及艺术成就，进而全面了解元代书法发展史及其民族融合现象。

三、教学目标

1. 知识与技能：使学生了解元代著名的少数民族书法家，赏析他们的作品；明白他们与元代书法大家赵孟頫之间的友谊；掌握元代书法发展的历史。

2. 过程与方法：在赏析元代少数民族书法家作品的过程中，使学生进一步巩固一般书法作品的鉴赏方法。

3. 情感、态度、价值观：通过对元代书法史的学习，明白中华民族的历史文化是各民族融合、共同创造的结果，从而使学生更加热爱我们伟大的祖国。

[①] 人民美术出版社、北京教育科学研究院合编：《普通高中课程标准实验教科书美术 书法》，北京，人民美术出版社，2010。

四、教学设计

四、中国书法的发展（七）元代书法

教学内容与环节	教师活动	学生活动	设计意图
1. 汉族书法家：赵孟頫及其代表作。	【提问】同学们知道元代有哪些著名书法家吗？ （赵孟頫等） 【出示 ppt】赵孟頫是我们都知道的元代著名书法家，他开创了元代的"复古"书风，而且与颜真卿、柳公权、欧阳询并称为"楷书四大家"，对后世产生了深远影响。现在我们就来欣赏几件赵孟頫的代表作品。 《胆巴碑》、《妙严寺记》、《汲黯传》、《赤壁二赋帖》、《定武兰亭十三跋》等。	学生发言、回答。	由学生熟悉的楷书四大家之一——赵孟頫讲起，由易入难。
2. 汉族书法家与少数民族书法家的友谊——元代社会的民族融合。	【提问】同学们在历史课中对元代的历史有所学习，那么元代的社会政治有怎样的特殊性呢？ （由少数民族——蒙古族统治者建立，民族融合日益加强，少数民族文化与汉文化相互交融。）	学生发言、回答。	由对汉族书法家的讲解过渡到少数民族书法家的讲解。并简介二者之间的相互交流。
3. 少数民族代表书法家及其代表作	【过渡】在元代的书法史上出现了一批杰出的少数民族书法家。老师现在向大家介绍几位。并请同学们欣赏一下他们的代表作品。 初期：耶律楚材《送刘满诗卷》 中期：康里巎巎《颜鲁公述张旭笔法记卷》 后期：泰不华《陋室铭》 【小结】元代少数民族书法家在书法史上留下了光辉闪亮的足迹。 【提问】在欣赏过元代汉族书法家赵孟頫和少数民族书法家的作品后，同学们发现二者之间有怎样的联系？ （赵孟頫作为有元一代大家，其书风深深影响了少数民族书法家，乃至整个元明以后的书法。同时，元代的书风是汉族与少数民族书家共同创造、形成的，它深刻反映了元代社会的民族大融合。）	学生听讲、欣赏。 学生思考、回答	欣赏少数民族书家作品，了解古代少数民族人民光辉灿烂的艺术成就。 明白中华民族的历史文化是各民族融合、共同创造的结果，从而更加热爱我们伟大的大家庭。

(教师)笔记

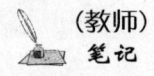

五、教学资源

（1）黄惇：《元代书法史中的少数民族书家介绍》，见《中国书法史元明卷》，南京，江苏教育出版社，2005。

（2）任道斌：《论赵孟頫与元代少数民族书画家》，载《新美术》，1994（1）。

第二节　少数民族蜡染工艺

一、教材中的知识点[①]

本节知识点位于：普通高中课程标准实验教科书，工艺必修，第九课《纯朴典雅　韵味神奇——手工蜡染》，第47页。

二、民族团结教育的切入点

学生通过听苗族少女制作蜡染的起源故事及欣赏布依族蜡染工艺代表作品，初步了解蜡染这门工艺，并深刻体会苗族、布依族等族蜡染工艺的高超技术和水平。

三、教学目标

1. 知识与技能：了解苗族姑娘制作蜡染起源的传说故事，欣赏苗族、布依族蜡染作品。

2. 过程与方法：在学习和欣赏过程中，掌握鉴赏蜡染工艺作品的方法。

3. 情感、态度、价值观：学生在感受少数民族工艺高超水平的同时，更加热爱我们伟大的祖国。

---

① 人民美术出版社、北京教育科学研究院合编：《普通高中课程标准实验教科书美术　工艺》，北京，人民美术出版社，2006。

四、教学设计

引入部分：你了解蜡染吗?				
教学内容与环节	教师活动	学生活动	设计意图
【引入】 1. 苗族少女关于蜡染的美丽传说。 2. 布依族蜡染作品。	【ppt】播放《蜡染歌》视频①，讲述苗族少女关于蜡染的美丽传说。 【讲解】苗族蜡染技艺已经是我们国家的非物质文化遗产。 【扩展】蜡染不仅是苗族的工艺，同时在布依族、瑶族等兄弟民族中也传播开来。下面，请同学们欣赏一件布依族的单色蜡染作品。	学生听讲。 学生欣赏。	以视频和传说入手，吸引学生的兴趣。并使学生感受蜡染这门工艺的古老起源。

五、教学资源

（1）小牧：《迷人的苗族蜡染》，载《西部时报》，第15版，2004年3月24日。

（2）王伟、李登福、陈秀英：《布依族》，168页，北京，民族出版社，1991（2004重印）。

（3）华梅、要彬：《中国工艺美术史》，天津，天津人民出版社，2005（2006重印）。

---

① 视频出处：http://v.youku.com/v_show/id_XOTI0OTY4OTI=.html

后 记

  2010年3月我校授权北京市民族教育学会与民族出版社签署《民族团结融入学科教育读本》一书的出版合同，迄今正好两年的时间。两年间内老师们几易书稿，只为让本书真正能契合教学实际，使民族团结教育切实有效地融入学科教学中，为民族团结教育在高中阶段的开展探索路径、积累经验。

  我校从2000年开始招收内地新疆高中班学生，在管理模式上采取插班教学，由此产生了诸如新疆学生与内地学生的相处问题、学生对不同文化的相互认同问题、新疆不同民族学生之间的相处问题等一系列急需解决的民族团结教育问题。经过十几年的探索，老师们积累了关于民族团结教育的一些经验和方法，恰逢北京市民族教育学会和民族出版社大力推进基础教育阶段民族团结教育工作，并邀请我校编写《高中民族团结教育融入学科教育读本》，对此我们深表感谢！

  接到编写本书的任务，我校领导迅速组织编写团队、拿出编写方案，与北京市民族教育学会和民族出版社及时沟通，全力支持编写工作。本书的最终出版，老师们更付出了艰辛的劳动：文字的编写、图片的选择要符合诸多出版要求；内容的设计、材料的选取要符合教学和民族团结教育的需要；专家意见、审稿意见不断反馈，老师们毫无怨言，一丝不苟修改稿件；老师们甚至自己推倒已写好的章节重头再来，觉得某个知识点更适合切入民族团结教育便再加入一节……正是老师们的激情参与才使得本书顺利完稿。在本书的编辑过程中，民族出版社的康厚桥编辑细心编审稿件，及时向我们反馈修改信息、提出修改意见，不断督促我们按时高质量完成编写任务，在此我们谨代表学校表示感谢！

  本书虽是我校教师对民族团结教育在学科建设方面的实践成

果，但还存在许多不足，恳切希望广大读者给予批评和指正，以期在今后的教学实践中不断完善。

　　本书的编写人员有：邵坤（语文篇），郎春雨、黄萍（数学篇），杨贻芳（外语篇），张晓（物理篇），李通书（化学篇），傅炳华（生物篇），赵哲嵩（地理篇），李晓盼（政治篇），刘丽（音乐篇），吴琳（美术篇）。

北京市通州区潞河中学
2012 年 4 月 10 日

图书在版编目(CIP)数据

高中民族团结融入学科教育读本/北京市潞河中学编著.
—北京:民族出版社,2012.12
(北京民族教育丛书)
ISBN 978-7-105-12580-7

Ⅰ.①高… Ⅱ.①北… Ⅲ.①民族团结—爱国主义教育—高中—教学参考资料 Ⅳ.①G633.203

中国版本图书馆 CIP 数据核字(2013)第 001080 号

策划编辑:罗 焰 康厚桥
责任编辑:康厚桥
出版发行:民族出版社出版发行
地　　址:北京市和平里北街 14 号
邮　　编:100013
网　　址:http://www.e56.com.cn
印　　刷:北京市迪鑫印刷厂
经　　销:各地新华书店经销
版　　次:2012 年 12 月第 1 版　2012 年 12 月北京第 1 次印刷
开　　本:787 毫米×1092 毫米　1/16　字数:300 千字
印　　张:16
定　　价:56.00 元
ISBN 978-7-105-12580-7/G·1856(汉 882)

该书如有印装质量问题,请与本社发行部联系退换
汉文编辑一室电话:010-64271909　　发行部电话:010-64224782